Günther Holter

Informationstechnologie
Grundbegriffe der Objektorientierung

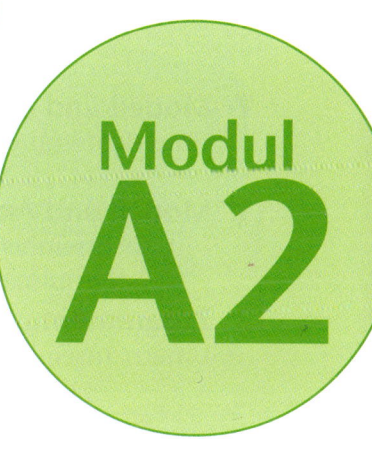

1. Auflage, korrigierter Nachdruck 2011

Best.-Nr. 74271

Inhaltsverzeichnis

3 Modell – Objekt – Klasse

3 Modelle und Objekte
Unterrichtseinheit 1

5 Modellieren
Unterrichtseinheit 1

7 Objekte und Klassen
Unterrichtseinheit 2

9 Modell und Planung
Unterrichtseinheit 2

11 Modell und Analyse
Unterrichtseinheit 3

13 Zusammenfassung und Aufgaben
Unterrichtseinheit 3

14 Objekte in einem Vektorgrafikprogramm

14 Schreibweisen und Modelle für Objekte
Unterrichtseinheit 4

14 Die Punktnotation
Unterrichtseinheit 4

16 Objektkarte und Klassenkarte
Unterrichtseinheit 5

19 Der Umgang mit einem Vektorgrafikprogramm
Unterrichtseinheit 6

19 Programmstart und Oberfläche
Unterrichtseinheit 6

22 Methoden und Ebenen
Unterrichtseinheit 7

25 Bewegte Bilder
Unterrichtseinheit 8

27 Objekte in einer Programmierumgebung

27 Einfache Programmierung
Unterrichtseinheit 9

27 Computerprogramme
Unterrichtseinheit 9

27 Die Programmierumgebung
Unterrichtseinheit 9

28 Klassen und Objekte
Unterrichtseinheit 10

29 Ausgabe und Bearbeitung
Unterrichtseinheit 10

30 Methoden und Parameter
Unterrichtseinheit 11

32 Programmaufbau und Kommentare
Unterrichtseinheit 11

33 Programmstrukturen
Unterrichtseinheit 12

33 Zusammenfassung und Aufgaben
Unterrichtseinheit 12

35 Wiederholung und Auswahl
Unterrichtseinheit 13

35 Die Wiederholung
Unterrichtseinheit 13

38 Die Auswahl
Unterrichtseinheit 14

40 Stichwortverzeichnis

UE 1 — Modell – Objekt – Klasse

Modell – Objekt – Klasse

Modelle und Objekte

Die vielen verschiedenartigen Dinge, die uns ständig umgeben, beachten wir meist nur sehr wenig. Erst wenn wir uns für einen Gegenstand etwas stärker interessieren, werden seine Besonderheiten genauer analysiert.

Das Obertor ist ein Teil der mittelalterlichen Stadtmauer der Stadt Nabburg. Durch die beiden Torbogen führt eine Straße. Der Umbau des Turmes wurde im Jahr 1565 abgeschlossen. Der Torbogen links wurde erst später eingefügt.

Touristen, die die Altstadt in Nabburg besuchen, besichtigen sehr gerne dieses Tor.

Nach welchen Gesetzmäßigkeiten es erbaut wurde und welche geometrischen Formen und Figuren sich darin verbergen, bleibt dem flüchtigen Betrachter allerdings verborgen.

Mithilfe der Abbildung können wir aber einige Besonderheiten erkennen.

So ist der obere Teil des Turmes wahrscheinlich ein Achteck.

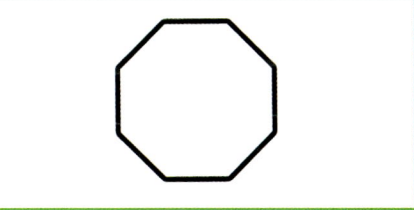

Ob die acht Seiten der Querschnittfläche des Turmes alle gleich lang sind, kann man auf dem Foto nicht genau feststellen. Vermutlich ist der fensterlose Teil etwas breiter.

Definitionen

- Jede vereinfachende Abbildung eines Gegenstandes oder eines Vorganges ist ein Modell.
- Dinge, die wir nach unserer Vorstellung erschaffen, werden als Objekte bezeichnet.

Ein Modell ist somit eine Art Zwischenstufe zwischen dem Objekt und der Vorstellung in unserem Kopf.

UE 1   Modell – Objekt – Klasse

Das Obertor wurde sicher nach einem Plan gebaut, den ein Baumeister entworfen hat.

Der Baumeister hatte das Aussehen des Tores als Idee im Kopf. Nach seinen Vorstellungen wurde dann das erste Modell angefertigt.

Vielleicht war es eine Skizze, die auf eine weiße Wand oder auf Pergament gezeichnet wurde. Möglicherweise wurde das Tor auch aus Holz und Lehm im verkleinerten Maßstab erstellt.

Mithilfe des Modells konnte er das notwendige Material und die Baukosten abschätzen. Erst als der Entwurf genehmigt war, konnte der Baumeister mit dem Bau beginnen.

Das digitale Foto des Obertores auf Seite 3 ist auch ein Modell.

Aus dem räumlichen Tor wird aber ein ebenes Bild, das wesentlich kleiner als das Original ist. Zwar werden viele Einzelheiten des Tores exakt auf dem Bild wiedergegeben, aber man kann das Tor nur von einer Seite betrachten. Der Blickwinkel ist durch den Standort des Fotografen eindeutig festgelegt.

Möchte man das Tor ausgiebiger analysieren, braucht man andere Hilfsmittel. Räumliche Modelle aus Papier oder Holz kann man mit der Hand drehen und somit von allen Seiten betrachten. Diese Möglichkeit hat man auch mit einem CAD-Programm.

Papiermodell – Schülerarbeit

CAD ist die Abkürzung für Computer Aided Design. Mit CAD-Programmen werden am Computer Konstruktionen durchgeführt.

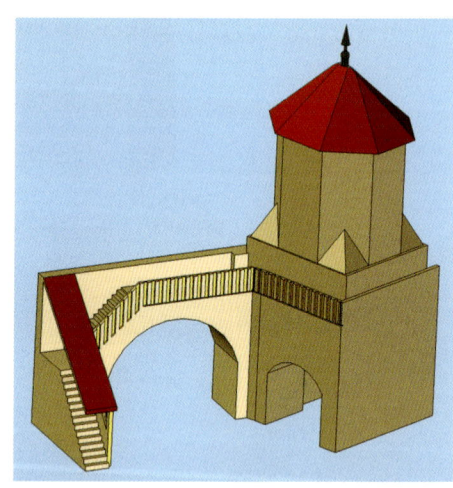

Räumliche Darstellung mit einem CAD-Programm (Schülerarbeit)

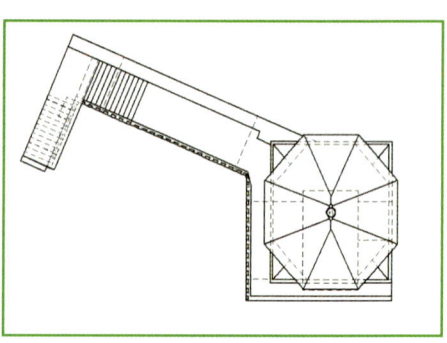

Ebene Darstellung des Tores von oben betrachtet (Schülerarbeit)

Arbeitsaufgaben

1. Welche besonderen Formen und Figuren kann man im Obertor noch erkennen? (Betrachte dazu die unterschiedlichen Modelle.)
2. Beschreibe andere technische Gegenstände, die mithilfe von Modellen entwickelt oder gefertigt werden.

UE 1 Modell – Objekt – Klasse

Modellieren

Die direkte Umsetzung einer Idee in ein neues Objekt ist manchmal sehr schwierig.

Jeder Künstler, der ein Bild oder eine Skulptur nach seinen Vorstellungen erzeugt, wird daher vorher eine oder mehrere Skizzen anfertigen.

Umgekehrt ist es ohne Hilfsmittel oft gar nicht mehr möglich, die Idee zu erkennen, die hinter einem Objekt steckt.

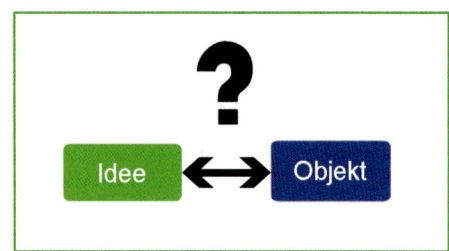

Der bessere Weg von der Idee zum Objekt führt über Modelle.

Modelle helfen uns, Objekte zu erschaffen oder sie zu analysieren.

Die Tätigkeit, geeignete Modelle zu erstellen, wird als Modellieren bezeichnet. Als Hilfsmittel beim Modellieren verwendet man sehr häufig geometrische Objekte.

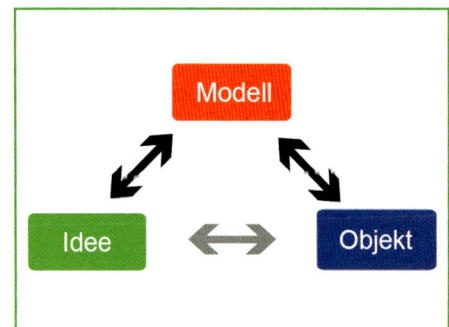

Die einfachste Form eines Modells ist die **Freihandzeichnung** oder **Freihandskizze**.

Für diese Art der Darstellung benötigt man nur Bleistift und Papier.

Wenn man einer Mitschülerin oder einem Mitschüler einen Weg beschreiben möchte, ist eine kleine Zeichnung oft sehr hilfreich. Diese Wegbeschreibung ist ein Modell, auch wenn viele Details vernachlässigt und die Entfernungen nicht maßstabsgetreu wiedergegeben werden.

Auch Objekte, die es in der Wirklichkeit gibt oder die nur in unserer Fantasie existieren, können mit Freihandskizzen dargestellt werden.

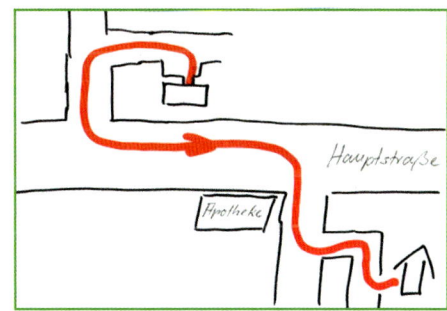

Auch mit den grafischen Funktionen eines Textverarbeitungsprogramms kann man einfache Modelle entwerfen.
Bei Microsoft Word erhält man die geometrischen Grundelemente über Einfügen – Formen bzw. Einfügen – Grafik – AutoFormen, bei Star Office und Open Office muss die Symbolleiste Zeichnen eingeblendet sein.

Geometrische Objekte sind nicht nur für die Mathematik wichtig. Viele Gegenstände unseres täglichen Lebens sind aus diesen Formen zusammengesetzt oder enthalten sie auf der Oberfläche.

UE 1 Modell – Objekt – Klasse

In dieser Abbildung wurde das Tor mit einfachen geometrischen Objekten aufgebaut.

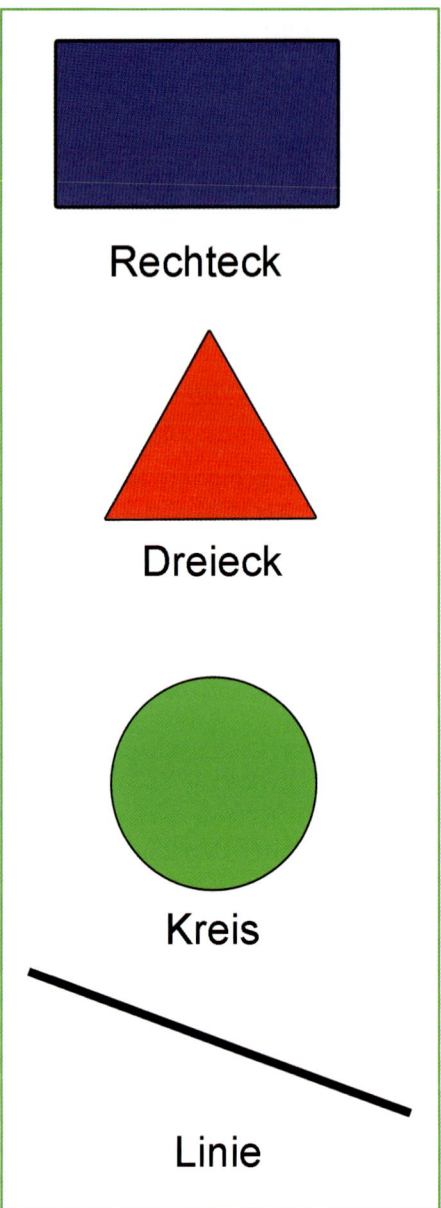

Figur	Kantenlängen
Quadrat	6 cm
Rechteck 1	6 cm und 7 cm
Rechteck 2	1,5 cm und 3 cm
Rechteck 3	5 cm und 3 cm
Dreieck	6 cm und 4 cm

Arbeitsaufgaben

1. Skizziere das vereinfachte Tor mit dem Bleistift auf ein Blatt Papier.
2. Zeichne das Tor mit Lineal und Zirkel. Verwende dazu die angegebenen Maße.
   Hinweis:
   Der Torbogen besteht aus dem Rechteck 3 und einem Halbkreis.
3. Zeichne die im Tor verwendeten Objekte (ohne Torbogen) mit den Grafikfunktionen eines Textverarbeitungsprogramms und bilde daraus ein Gebäude.

UE 2 Modell – Objekt – Klasse

Objekte und Klassen

Tangram ist ein altes Legespiel aus China. Es besteht aus sieben geometrischen Objekten: zwei große Dreiecke (gelb), ein mittleres Dreieck (violett), zwei kleine Dreiecke (rot), ein Quadrat (blau) und ein Parallelogramm (grün).

Ziel des Spieles ist es, aus den sieben Objekten ein Bild nach einer Vorlage zu legen. Man kann aber auch eine Fantasiefigur erzeugen, wie zum Beispiel ein Haus oder ein Stadttor.

Die sieben geometrischen Figuren entstehen automatisch, wenn man ein großes Quadrat nach einem bestimmten Muster zerteilt, siehe rechts stehende Abbildung.

Bei einem gekauften Tangram hat das große Quadrat eine Kantenlänge von 11,3 cm. Die Schenkel der gelben Dreiecke sind 8 cm lang. Die Schenkel der roten Dreiecke und die Seiten des blauen Quadrats sind jeweils 4 cm lang.

Die sieben geometrischen Objekte des Tangrams lassen sich in zwei Gruppen einteilen.

Quadrat und Parallelogramm gehören zur Gruppe der Vierecke. Die fünf Dreiecke bilden eine eigene Gruppe.

Die Dreiecke sind alle nach dem gleichen Prinzip (Bauplan) aufgebaut. Sie besitzen einen rechten Winkel und zwei gleich lange Schenkel. Es gibt unterschiedliche Größen (groß, mittel, klein). Die Dreiecke der einzelnen Größen unterscheiden sich lediglich in den Seitenlängen.

Objekte, die nach dem gleichen Prinzip aufgebaut sind, können einer Klasse zugeordnet werden.

Eine Klasse mit den dazugehörigen Objekten hat eine gewisse Ähnlichkeit mit einer Menge in der Mathematik.

Allerdings ist eine Klasse stets über den Bauplan definiert und nicht über die Objekte, die ihr zugeordnet werden. Sie existiert auch, wenn kein einziges Objekt verwendet wird. Auch die Tätigkeiten, die man mit den Objekten einer Klasse ausführen darf, sind bei der Klassenzugehörigkeit sehr wichtig. Für die Elemente einer mathematischen Menge spielen diese Tätigkeiten keine Rolle.

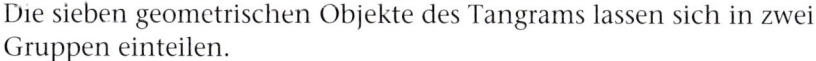

Mit einem Textverarbeitungsprogramm lassen sich die Objekte des Tangrams mit der Maus aufziehen. Für jede Klasse gibt es ein entsprechendes Icon.

Die endgültige Größe des Objekts kann man nachträglich einstellen. Dazu wird das Objekt markiert und mit der rechten Maustaste das Kontextmenü geöffnet. Im Fenster der Eigenschaften (AutoForm formatieren/Position und Größe) kann man jeweils die Breite und die Höhe des Objekts eingeben.

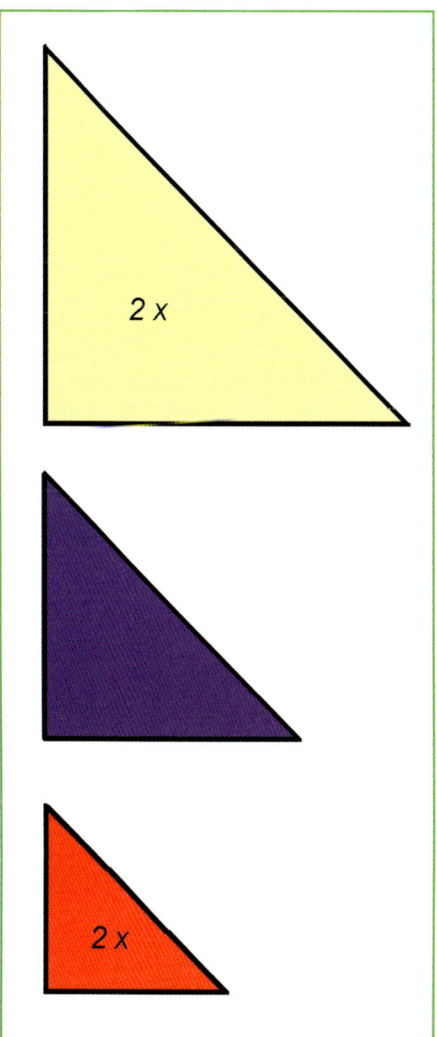

Gleichschenkelige rechtwinklige Dreiecke im Tangram

UE 2 Modell – Objekt – Klasse

Unter Breite und Höhe versteht man jeweils die Kanten des Rechtecks, das beim Anklicken um das Objekt gebildet wird.

Um die genauen Maße des Parallelogramms zu bekommen, benötigt man eine Breite von 8,48 cm und eine Höhe von 2,83 cm.

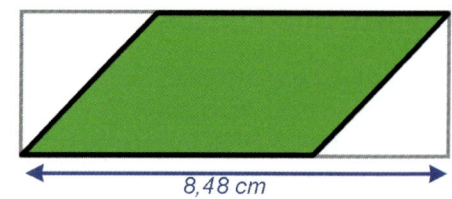

Ist ein Objekt angeklickt, kann es mit der Maus beliebig verschoben werden. Auch eine Drehung ist mit der Maus machbar. Exakte Drehungen um einen bestimmten Winkel kann man auch mithilfe des Kontextmenüs ausführen. Manchmal muss das Objekt auch gespiegelt werden. Mit den Textverarbeitungsprogrammen sind horizontale und vertikale Spiegelungen möglich. Die Tätigkeiten, die mit einem Objekt durchgeführt werden können, nennt man Methoden.

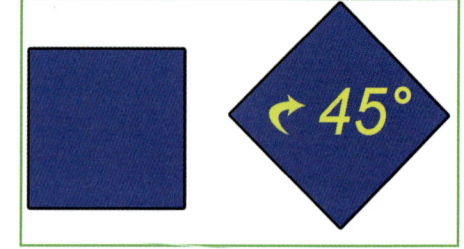

Ein Kontextmenü bietet mögliche Aktionen für ein markiertes Objekt an. Es wird mit der rechten Maustaste geöffnet.

Arbeitsaufgaben

1. Erzeuge ein Tangram aus Papier. Verwende dazu ein Quadrat mit den beschriebenen Maßen.
2. Erzeuge die sieben Einzelobjekte mit den grafischen Funktionen eines Textverarbeitungsprogramms.
   Hinweis: Von den großen und den kleinen Dreiecken muss jeweils nur ein Exemplar erzeugt werden. Dann kopiert man das Objekt und fügt die Kopie ein.
3. Versuche, die angegebenen Figuren (Rechteck, Ente, Kelch) mit den Objekten des Tangrams (aus Papier oder mit dem Computer) zu legen.

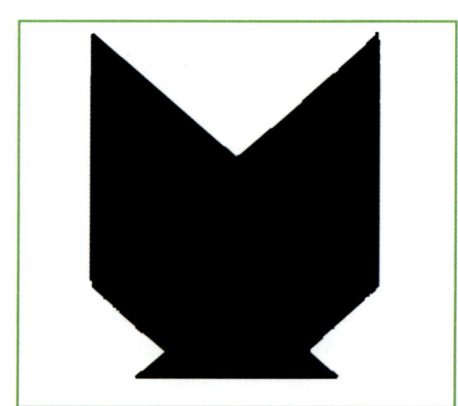

UE 2 Modell – Objekt – Klasse

Modell und Planung

Sicher habt ihr schon einmal davon geträumt, etwas Großes zu bauen oder zu entwickeln. Solche Träume lassen sich aber leider nur schwer in die Tat umsetzen. Große Projekte können nämlich nur mit einer durchdachten und aufwendigen Planung realisiert werden.

Auch bei kleineren Projekten ist es sinnvoll, mit einfachen Modellen Pläne zu entwickeln, nach denen man dann schrittweise das Endprodukt erstellen kann.

Wir kennen diese Vorgehensweise von klein auf. Viele Spielzeuge, die aus Einzelteilen zusammengesetzt werden müssen, bieten dazu Baupläne an, die aus Bilderfolgen bestehen.

Jedes Einzelbild eines Bauplanes ist ein Modell eines bestimmten Bauabschnittes.

In der Bauanleitung ist jeweils auch genau angegeben, welche Teile man für den nächsten Bauabschnitt braucht.

Das Modell enthält somit alle Informationen, die man für einen Bauabschnitt benötigt.

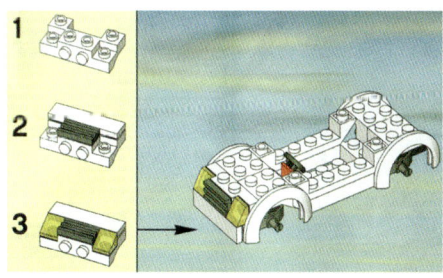

Wenn man etwas ohne Vorlage bauen möchte, wird die Sache schon etwas komplizierter.

Mit einem Baukasten kann man die vorhandenen Bausteine von der Fantasie geleitet zusammenfügen. Entspricht das Gebilde nicht unseren Vorstellungen, müssen die entsprechenden Teile wieder entfernt werden.

Wenn kein Baukasten zur Verfügung steht, muss man sich vorher genau überlegen, welche Bestandteile man unbedingt benötigt. Dazu kann man eine Liste der Bestandteile oder eine Mind Map anfertigen.

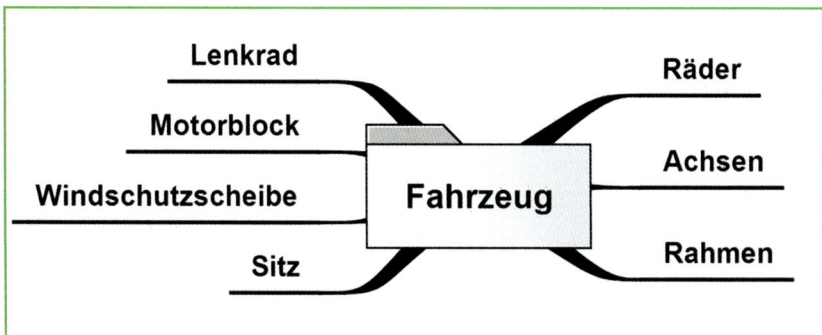

Für ein Fantasiefahrzeug könnte die **Liste der Bestandteile** folgendermaßen ausschauen:

- 1 Platte (Rahmen)
- 4 Räder
- 2 Achsen
- 1 Sitz
- 1 Motorblock
- 1 Windschutzscheibe
- 1 Lenkrad

UE 2 Modell – Objekt – Klasse

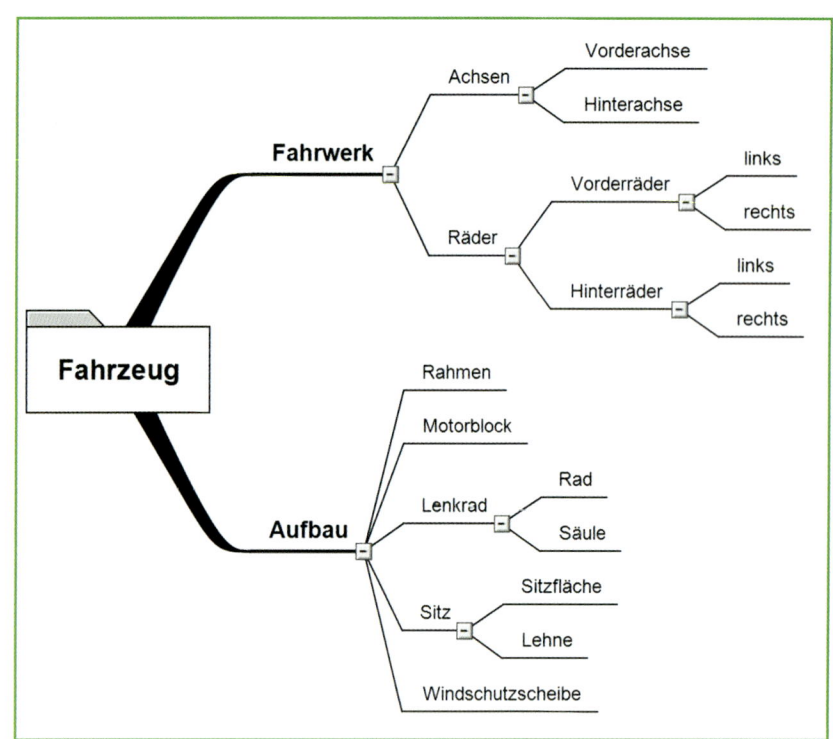

Mind Map kommt aus dem Englischen und heißt so viel wie „Gedankenplan".

Die Informationen, die uns diese Mind Map gibt, gehen aber über das einfache Aufzählen der Komponenten hinaus.

In einer Mind Map werden auch Strukturen und Zusammenhänge sichtbar.

Diese Art der Darstellung wird auch als Baumdiagramm bezeichnet.

Arbeitsaufgaben

1. Fertige für das Tangram eine strukturierte Mind Map an. Verwende dazu ein einfaches Baumdiagramm, wie es in der Darstellung rechts abgebildet ist (Freihandskizze).

2. Welche Einteilung am Computer kann ebenfalls als Baumdiagramm dargestellt werden?

3. Bei diesen vier Darstellungen - siehe unten - wurden jeweils die Radgröße und der Radstand (Lage und Abstand der Achsen) verändert.

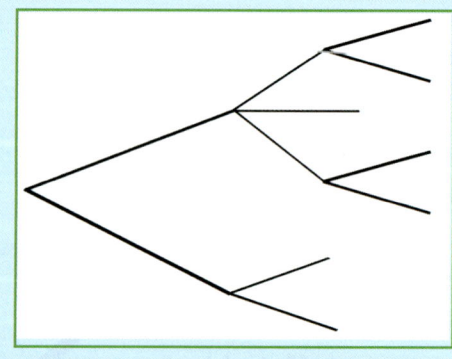

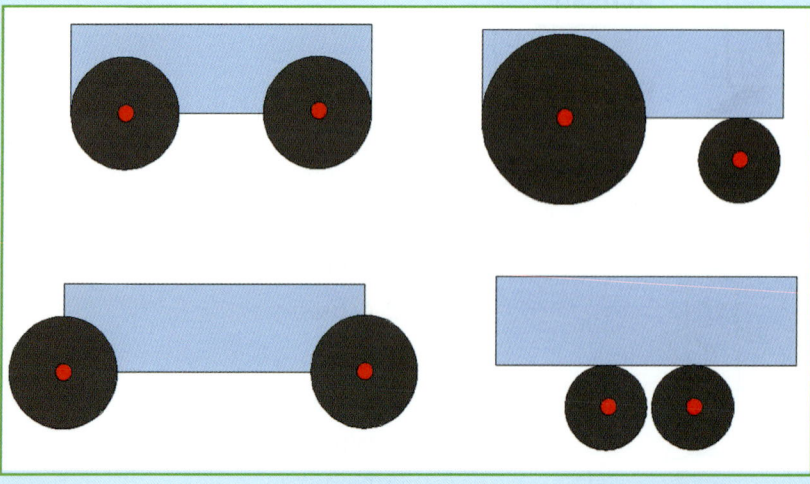

a) Begründe anhand des Modells, welche Anordnungen sinnvoll sind und welche Probleme bei den einzelnen Variationen auftreten können.

b) Wie schaut unser Fahrzeug von unten aus?

c) Skizziere ein entsprechendes Modell für die Darstellung links oben (auf ein Blatt Papier/mit der Grafikfunktion des Textverarbeitungsprogramms).

UE 3 Modell – Objekt – Klasse

Modell und Analyse

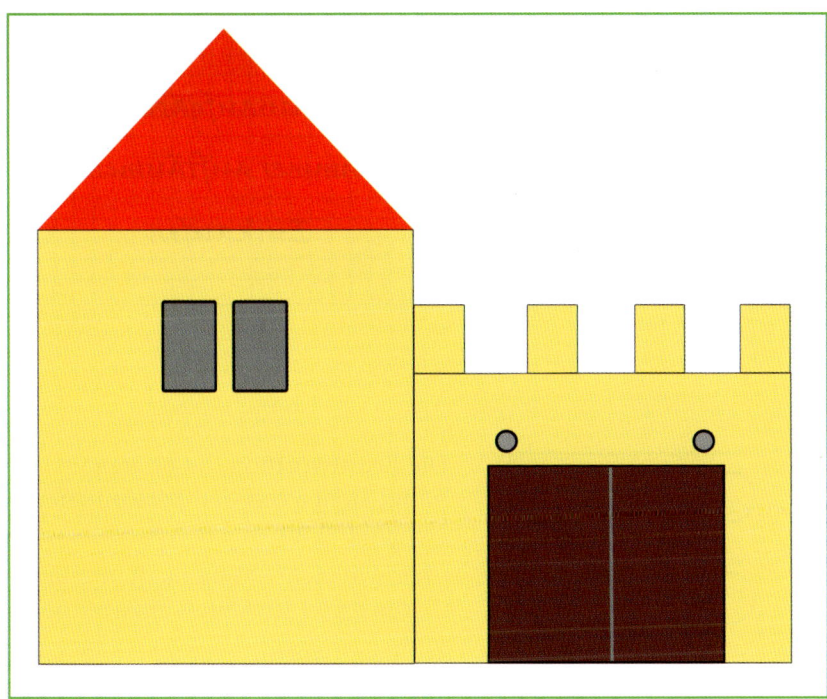

Modelle helfen uns bei der Analyse von zusammengesetzten Gebilden.

Für die Darstellung der Fantasieburg wurden 13 geometrische Objekte verwendet. Neun Objekte können der Klasse der Rechtecke zugeordnet werden. Dann gibt es noch zwei Kreise, ein gleichschenkliges Dreieck und eine Linie.

Die Rechtecke sind nicht alle gleich. Sie unterscheiden sich teilweise in der Größe und der Farbe. Auch die Randstriche sind unterschiedlich stark. Bei einigen Objekten stimmen fast alle aufgezählten Merkmale überein. Sie haben aber jeweils eine andere Lage.

Die Zuordnung von Objekten zu bestimmten Klassen wird als Klassifizierung bezeichnet.

Klasse	Name	Farbe	Rand	Lage	Größe
R	Turm	gelb	dünn	links	groß
R	Torhaus	gelb	dünn	rechts	groß
R	Tor	braun	dick	rechts	mittel
R	Fenster1	grau	dick	links	klein
R	Fenster2	grau	dick	rechts	klein
R	Zinne1	gelb	dünn	links	klein
R	Zinne2	gelb	dünn	halb links	klein
R	Zinne3	gelb	dünn	halb rechts	klein
R	Zinne4	gelb	dünn	rechts	klein
K	Loch1	grau	dick	links	klein
K	Loch2	grau	dick	rechts	klein
D	Dach	rot	ohne	oben	groß
L	Türspalt	grau	ohne	Mitte	mittel

Jedes einzelne Objekt hat also eindeutige Merkmale, durch die wir sie unterscheiden können.

Es ist daher sinnvoll, jedem Objekt einen passenden Namen zu geben.

In dieser Tabelle sind die Objekte nach Klassen geordnet zusammengestellt. Die Informationen über die einzelnen Objekte sind noch nicht sehr genau. Sie reichen aber aus, das Objekt in der Zeichnung zu finden.

Die Tabelle bildet unsere Burg vollständig ab. Sie ist somit ein Modell. Mit diesem Modell ließe sich das Gebäude aber noch nicht eindeutig aufbauen, da die Lage und die Größe der Einzelobjekte nicht genau angegeben werden.

Wenn wir die Angaben für diese Merkmale präzisieren würden, könnten wir die Tabelle auch als Bauplan nutzen.

Bisher haben wir nur Modelle für Gegenstände entwickelt. Aber auch Vorgänge können modelliert und analysiert werden.

Wenn die Mutter für den Nachmittag drei Aufgaben erteilt, sollte man sich das aufschreiben, damit man nichts vergisst:

- Hausaufgaben machen (H)
- Einkaufen gehen (E)
- Zimmer aufräumen (Z)

Normalerweise kann man die Reihenfolge der Tätigkeiten selbst festlegen. Fange ich mit den Hausaufgaben an oder gehe ich erst zum Einkaufen?

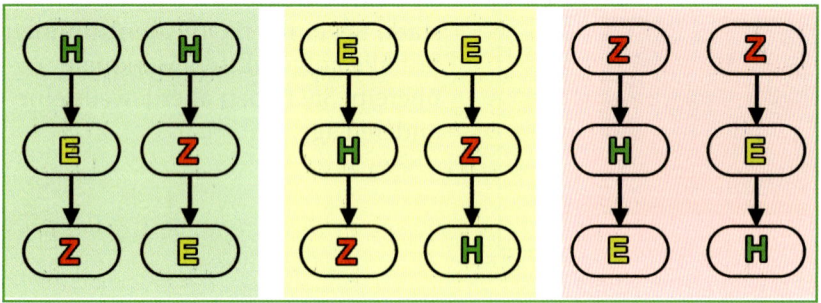

Die Beantwortung dieser Frage hängt sicher von den persönlichen Neigungen ab.

Aber wie viele Möglichkeiten gibt es, die drei Tätigkeiten anzuordnen?

Zur Beantwortung dieser Frage helfen uns Ablaufmodelle.

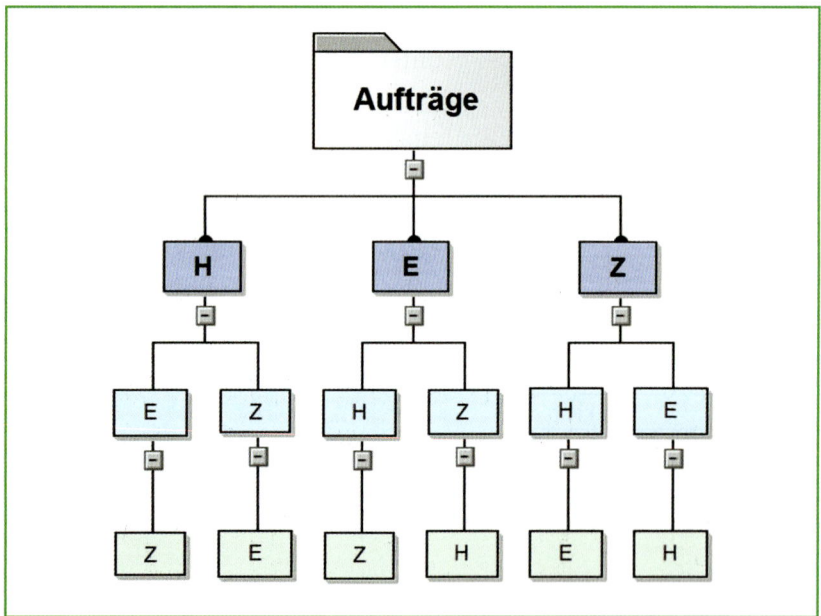

In der linken Darstellung wurden die sechs Möglichkeiten in einer Mind Map dargestellt.

Diese Form der Darstellung kennen wir bereits. Es ist ein Baumdiagramm, wie wir es bereits im letzten Abschnitt kennengelernt haben.

Bei einem Baumdiagramm verlaufen die Äste meist von links nach rechts oder von oben nach unten.

UE 3 Modell – Objekt – Klasse

Zusammenfassung und Aufgaben

Zusammenfassung

- Modelle sind vereinfachende Darstellungen von Objekten oder von Vorgängen.
- Modellieren heißt, für eine Aufgabe geeignete Modelle zu erstellen.
- Modelle enthalten wichtige Informationen über Objekte oder Vorgänge.
- Häufig verwendete Modellformen sind: Freihandskizze, Mind Map, Diagramm.
- Objekte, die nach dem gleichen Prinzip aufgebaut sind, können einer Klasse zugeordnet werden.
- Jede Klasse ist über ihren Bauplan definiert.
- Die Tätigkeiten, die mit einem Objekt durchgeführt werden können, nennt man Methoden.
- Die Zuordnung von Objekten zu bestimmten Klassen wird als Klassifizierung bezeichnet.

Arbeitsaufgaben

1. In der Biologie werden alle Lebewesen und Pflanzen systematisch in Klassen eingeteilt (Säugetiere, Insekten, Amphibien, Reptilien). Erstelle ein passendes Modell (Mind Map/Diagramm) für einige unserer heimischen Tiere.
2. Benenne die einzelnen Objekte, die für den Bau der Kirche links unten verwendet wurden, und stelle sie nach Klassen geordnet in einer Tabelle dar. (Die Tabelle soll möglichst viele Informationen erhalten.)
3. Für einen Ausflug haben Kinder die rechts unten stehende Skizze entworfen. Welche Informationen liefert uns dieses Modell? Welches moderne Hilfsmittel könnten sie bei der Planung benutzen?

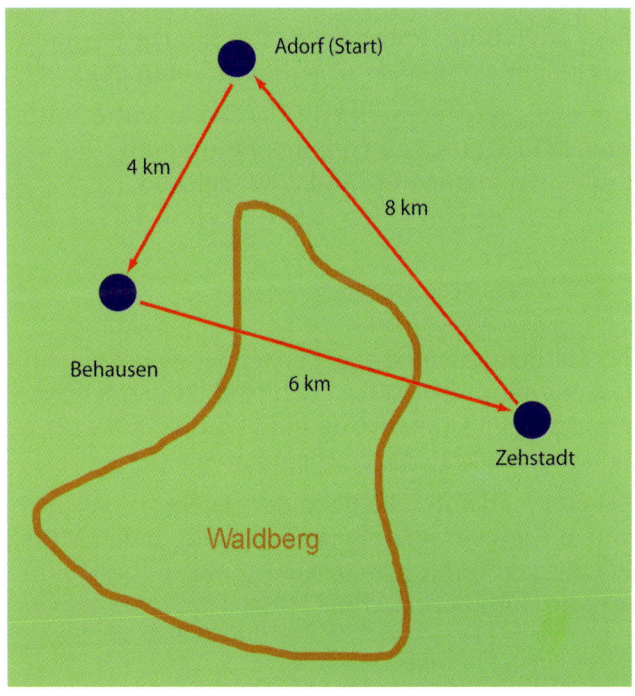

UE 4 Objekte in einem Vektorgrafikprogramm

Objekte in einem Vektorgrafikprogramm

Schreibweisen und Modelle für Objekte

Die Punktnotation

Viele gezeichnete Figuren setzen sich aus einer Menge unterschiedlicher Objekte zusammen.

Auch bei einer Freihandskizze versucht man geometrische Objekte zu verwenden:

- Kopf und Augen sind Kreise oder Ovale (Ellipsen).
- Die Nase ist als Dreieck dargestellt.
- Der Körper, die Arme und die Beine sind Vierecke.
- Der Mund ist eine gebogene Linie.
- Der Name auf dem T-Shirt ist ein Text.

Alle gezeichneten Objekte haben bestimmte Eigenschaften.

Jedes Rechteck hat eine Länge und eine Breite. Die Randlinie hat eine Stärke. Die Rechteckfläche hat eine Füllfarbe.

Zur besseren Unterscheidung bekommt jedes Objekt einen eindeutigen Namen.

Damit die Namensangabe nicht zu lang wird, werden sinnvolle Abkürzungen verwendet. So bekommen die Rechtecke Namen der Form re1, re2 und re3. Die Namen für Kreise beginnen mit „k" oder „e" für Ellipse.

Wir haben bereits festgelegt, dass Objekte die nach einem bestimmten Bauplan erstellt werden, einer Klasse zugeordnet werden können.

Der Bauplan für Rechtecke ist uns bekannt. Beine und Körper unserer Figur erfüllen diese Bedingungen und können damit dieser Klasse zugeordnet werden.

Manchmal ist es wichtig, dass ein Objekt an einer bestimmten Stelle liegt und vorher festgelegte Maße hat. Die Schreibweise muss dabei so eindeutig sein, dass sie auch ein Computer versteht.

Um die Lage der einzelnen Objekte eindeutig bestimmen zu können, braucht man einen festen Bezugspunkt auf dem Zeichenblatt und einen markanten Punkt des Objektes.

Im Mathematikunterricht verwendet man dazu ein Gitternetz. Der feste Bezugspunkt ist der Schnittpunkt der Achsen. Bei Computerprogrammen ist der Bezugspunkt oft die linke obere Ecke oder die linke untere Ecke des Zeichenblattes.

Bei den markanten Punkten der Objekte ist das nicht so einfach. Bei einem Kreis verwendet man automatisch den Mittelpunkt. Bei Rechtecken wählt man den Diagonalenschnittpunkt, der ebenfalls als Mittelpunkt bezeichnet wird.

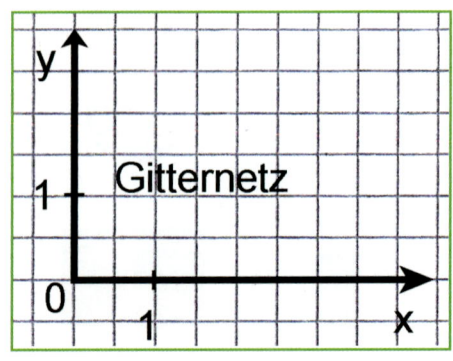

UE 4 — Objekte in einem Vektorgrafikprogramm

Am schwierigsten ist diese Eindeutigkeit bei den Angaben für die Länge, die Breite und die Koordinaten des Mittelpunktes zu erreichen. Diese Informationen werden für mehrere Objekte verwendet und sind daher nicht mehr eindeutig.

Die Lösung des Problems ist eine neue Schreibweise. Man kombiniert einfach Objekt und Eigenschaft. Die beiden Namen werden durch einen Punkt getrennt. Der entsprechende Wert wird mit „:=" angefügt.

Objektname.Eigenschaftsname:=Wert

Diese Schreibweise wird als Punktnotation bezeichnet.

Wenn wir die Länge des großen Rechteckes angeben wollen, stellen wir den Objektnamen vor die Bezeichnung der Eigenschaft:
re1.Länge:=40 mm

Die Schreibweise mit dem Doppelpunkt vor dem „=" wird leider nicht von allen Programmen verwendet, daher begnügen wir uns vorerst mit einem einfachen „=".

Für die Abbildung rechts gelten folgende Maße:

k1 (Kreis mit dem Mittelpunkt M1):
k1.Durchmesser = 20 mm
k1.x-Wert des Mittelpunktes = 30 mm
k1.y-Wert des Mittelpunktes = 100 mm

re1 (großes Rechteck mit dem Mittelpunkt M2):
re1.Länge = 40 mm
re1.Breite = 50 mm
re1.x-Wert des Mittelpunktes = 30 mm
re1.y-Wert des Mittelpunktes = 100 mm

re2 (kleines Rechteck links mit dem Mittelpunkt M3):
re2.Länge = 10 mm
re2.Breite = 25 mm
re2.x-Wert des Mittelpunktes = 20 mm
re2.y-Wert des Mittelpunktes = 22,5 mm

re3 (kleines Rechteck rechts mit dem Mittelpunkt M4):
re3.Länge = 10 mm
re3.Breite = 25 mm
re3.x-Wert des Mittelpunktes = 40 mm
re3.y-Wert des Mittelpunktes = 22,5 mm

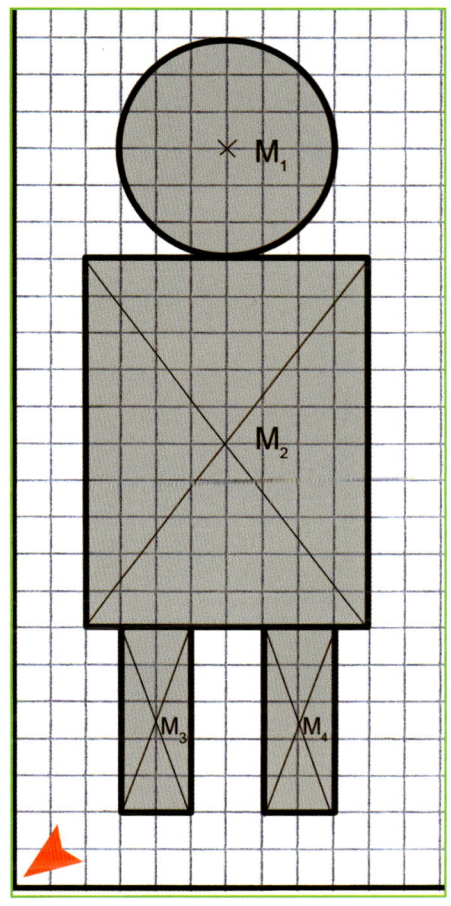

Der rote Pfeil markiert den Bezugspunkt. Die linke und die untere Kante sind die Achsen eines Gitternetzes.

Bei dieser normierten Schreibweise müssen Längen immer waagrecht und Breiten immer senkrecht verlaufen. Wenn man die Seiten mit Breite und Höhe bezeichnet, dann verläuft die Höhe senkrecht.

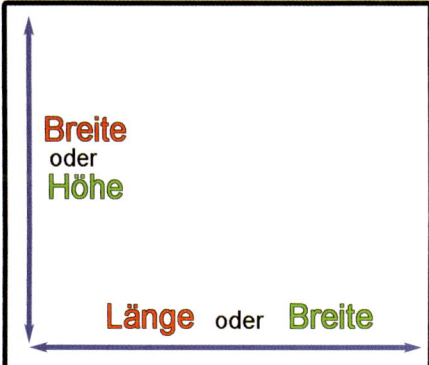

Rechteck

Arbeitsaufgaben

1. Zeichne die Figur mit den angegebenen Werten auf ein kariertes Blatt Papier.
2. Zeichne die vier geometrischen Objekte, aus denen unsere Figur besteht, mit den grafischen Funktionen eines Textverarbeitungsprogramms.

UE 5 — Objekte in einem Vektorgrafikprogramm

Objektkarte und Klassenkarte

Wer spielt gerne Quartett?

Was haben Quartettkarten und Objekte gemeinsam?

Eine Plastikbox für ein Spiel enthält jeweils 32 Spielkarten und eine Karte, die man als Deckblatt verwenden kann.

Jede Karte ist ein Objekt. Gleichzeitig beschreibt die Karte ein Objekt, das es in der Wirklichkeit gibt.

Es gibt verschiedene Arten, wie mit diesen Karten gespielt werden kann.

Eine einfache Spielform für zwei Spieler sieht so aus:

- Jeder Spieler bekommt gleich viele Karten, die jeweils verdeckt auf einem Stapel liegen.
- Der Spieler, der am Zug ist, sieht sich die oberste Karte an und sucht sich eine Eigenschaft des dargestellten Fahrzeuges aus, von der er glaubt, dass sie besonders gut wäre.
- Er nennt dem zweiten Spieler die Eigenschaft und den entsprechenden Wert.
- Der zweite Spieler nennt nun den Wert für diese Eigenschaft, die auf seiner Karte steht.

Der Spieler, der den höheren oder besseren Wert nennen kann, hat gewonnen. Er bekommt beide Karten.

Mit welcher Eigenschaft der unten dargestellten Karten 1A bis 1C gewinnt man den Spielzug?

UE 5 Objekte in einem Vektorgrafikprogramm

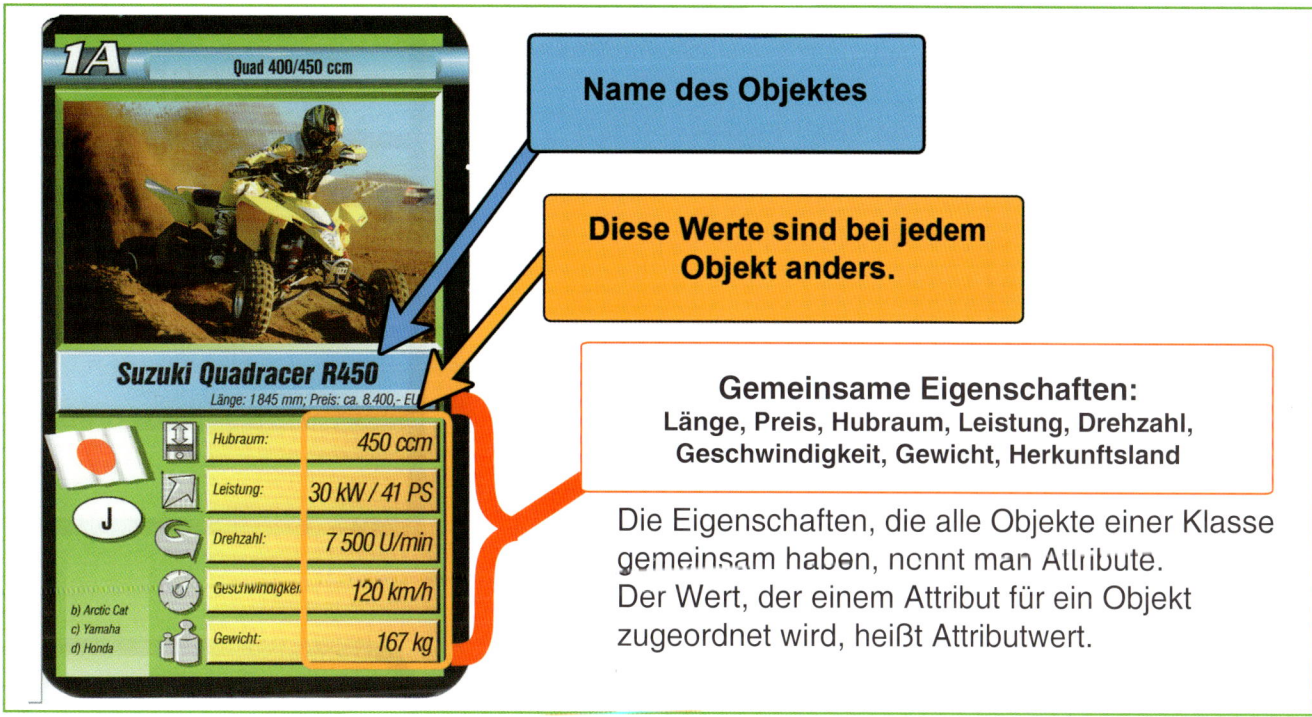

Die Eigenschaften, die alle Objekte einer Klasse gemeinsam haben, nennt man Attribute.
Der Wert, der einem Attribut für ein Objekt zugeordnet wird, heißt Attributwert.

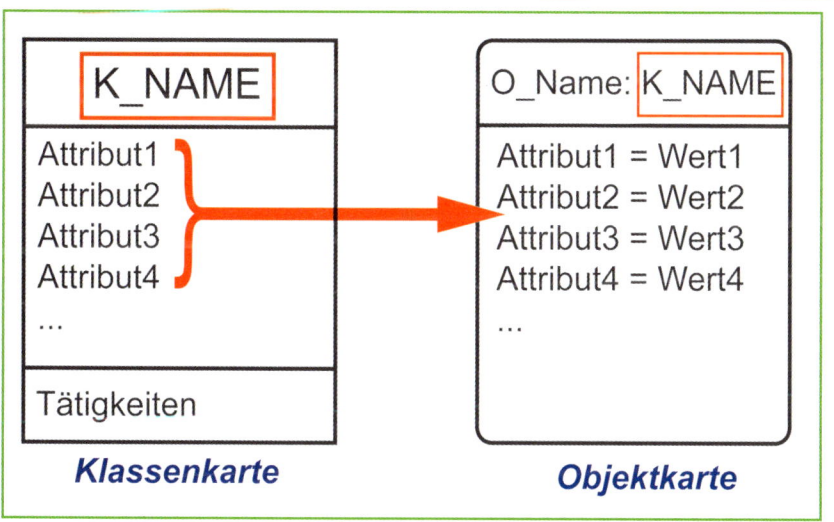

Es ist sehr praktisch, die Eigenschaften von Objekten oder von Klassen durch Karten darzustellen.

Diese Karten haben große Ähnlichkeit mit den Spielkarten.

Das eigentliche Unterscheidungsmerkmal von Objektkarten und Klassenkarten sind die Ecken. Objektkarten haben abgerundete Ecken.

Wir wenden diese Modellierungstechnik auf die Klasse RECHTECK an.

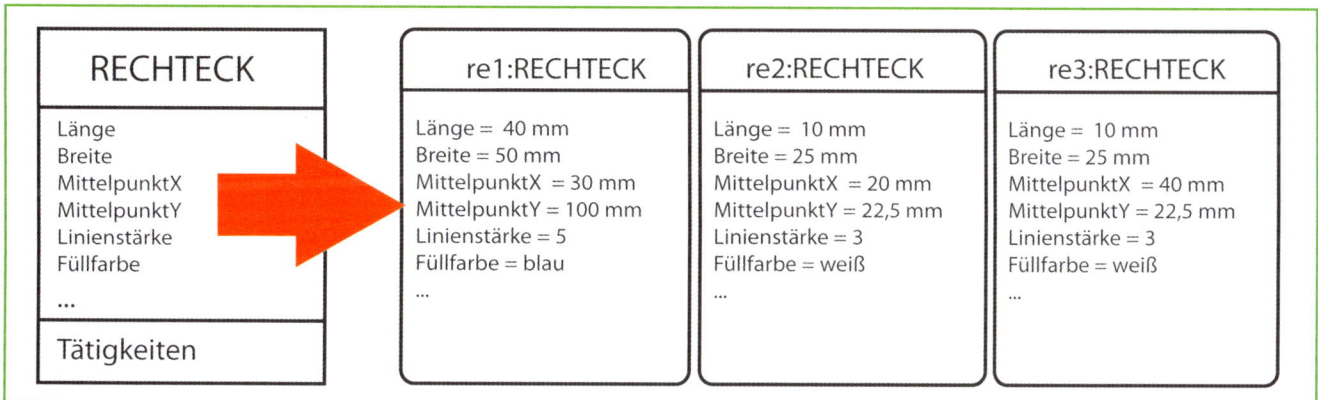

Punktnotation für Attribute: Objektname.Attributname:=Attributwert
Vereinfacht: Objektname.Attributname=Attributwert

Die Klassenkarte ist gewissermaßen das Muster für die Objektkarten. Alle Objektkarten einer Klasse enthalten die gemeinsamen Attribute dieser Klasse.

Die Attributwerte auf den einzelnen Objektkarten beschreiben genau die Eigenschaften eines Objektes. Man sagt: „Die Attributwerte sind für dieses Objekt charakteristisch."

Die drei Punkte unter den Attributen sollen darauf hinweisen, dass es noch viel mehr Attribute gibt, die man für die Klasse der Rechtecke festlegen kann.

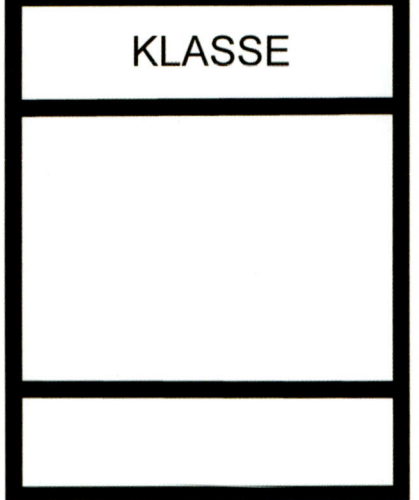

Um Klassenkarten und Objektkarten sicher unterscheiden zu können, hat man weitere Unterscheidungsmerkmale eingeführt:

- Der Klassenname (K_NAME, RECHTECK, KLASSE) wird stets in Großbuchstaben geschrieben.
- Hinter dem Objektnamen steht, durch einen Doppelpunkt getrennt, der Name der entsprechenden Klasse.

Der Doppelpunkt bedeutet bei dieser Schreibweise, dass ein Objekt einer Klasse zugeordnet wird.

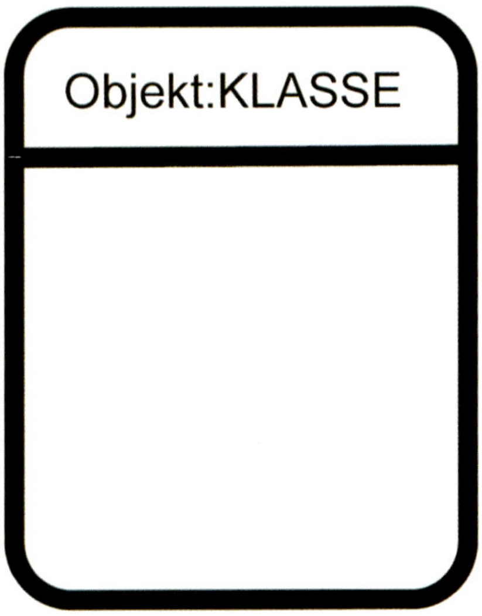

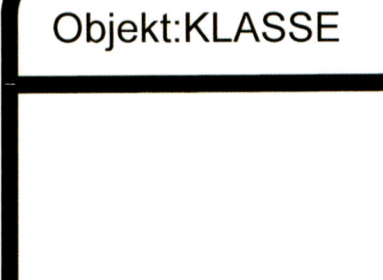

Die Klassenkarte ist vorläufig noch stark vereinfacht. Auf die Tätigkeiten, die im unteren Bereich der Karte erwähnt werden, gehen wir erst im nächsten Kapitel näher ein. Diese Tätigkeiten (Methoden) können mit den einzelnen Objekten einer Klasse durchgeführt werden.

Zusammenfassung

- Die Klasse legt die gemeinsamen Attribute der ihr zugeordneten Objekte fest.
- Jedes Objekt besitzt charakteristische Attributwerte.
- Klassen und Objekte können durch Karten dargestellt werden.
- Die Klassenkarte ist die Vorlage für die Objektkarten.
- Objektkarten erkennt man an den abgerundeten Ecken.

Arbeitsaufgaben

1. Gestaltet zusammen für euere IT-Gruppe eine Klassenkarte. (Attribute: Name, Vorname, Körpergröße, usw.)
2. Erstelle nach dem Vorbild der Klassenkarte deine persönliche Objektkarte.

UE 6 Objekte in einem Vektorgrafikprogramm

Der Umgang mit einem Vektorgrafikprogramm

Programmstart und Oberfläche

Einfache Zeichenprogramme arbeiten mit Malwerkzeugen, wie wir sie von Papierzeichnungen kennen. Die einzelnen Punkte der Zeichenebene werden vom Pinselwerkzeug unterschiedlich eingefärbt. Aus der Vielzahl der einzelnen Bildpunkte (Pixel) entsteht das Bild.

> Das Wort Pixel ist eine Erfindung der Informatiker. Es setzt sich aus der Abkürzung für das englische Wort für Bild (picture -> pix) und den ersten beiden Buchstaben des Wortes Element zusammen.

Pixelgrafik

Für den Unterricht in Informationstechnologie ist das Vektorgrafikprogramm Object-Draw von Herrn Pabst sehr gut geeignet. Object-Draw ist Freeware. Man kann es kostenlos aus dem Internet herunterladen. Das Programm muss nicht installiert werden und läuft von jedem Datenträger.

Downloadmöglichkeit und Informationen zum Programm:
http://www.pabst-software.de

Ein Doppelklick auf die Programmdatei **Object-Draw** (Anwendung) startet das Programm.

Man kann sich natürlich auch eine Verknüpfung mit einem Icon einrichten.

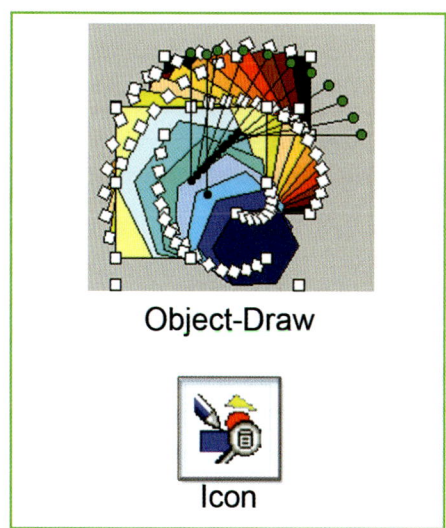
Object-Draw

Icon

Nach dem Programmstart erscheint ein leeres Zeichenblatt.

Mit der Maus kann man einfache grafische Objekte festlegen und aufziehen. Die Eigenschaften des markierten Objektes können nachträglich verändert werden. Verschiedenartige Objekte können kombiniert und gruppiert werden.

In der untersten Zeile gibt das Programm interessante Hinweise zu den ausgewählten Objekten. Mit der Hochstelltaste (Shift-Taste) können Objekte mit besonderen Eigenschaften erzeugt werden (Hilfetext).

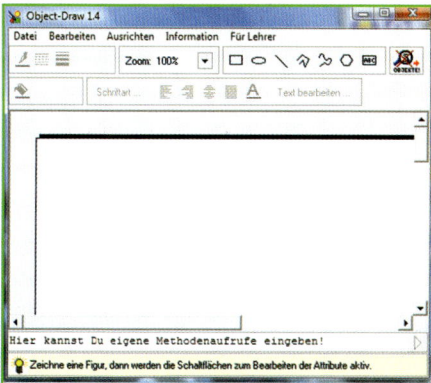

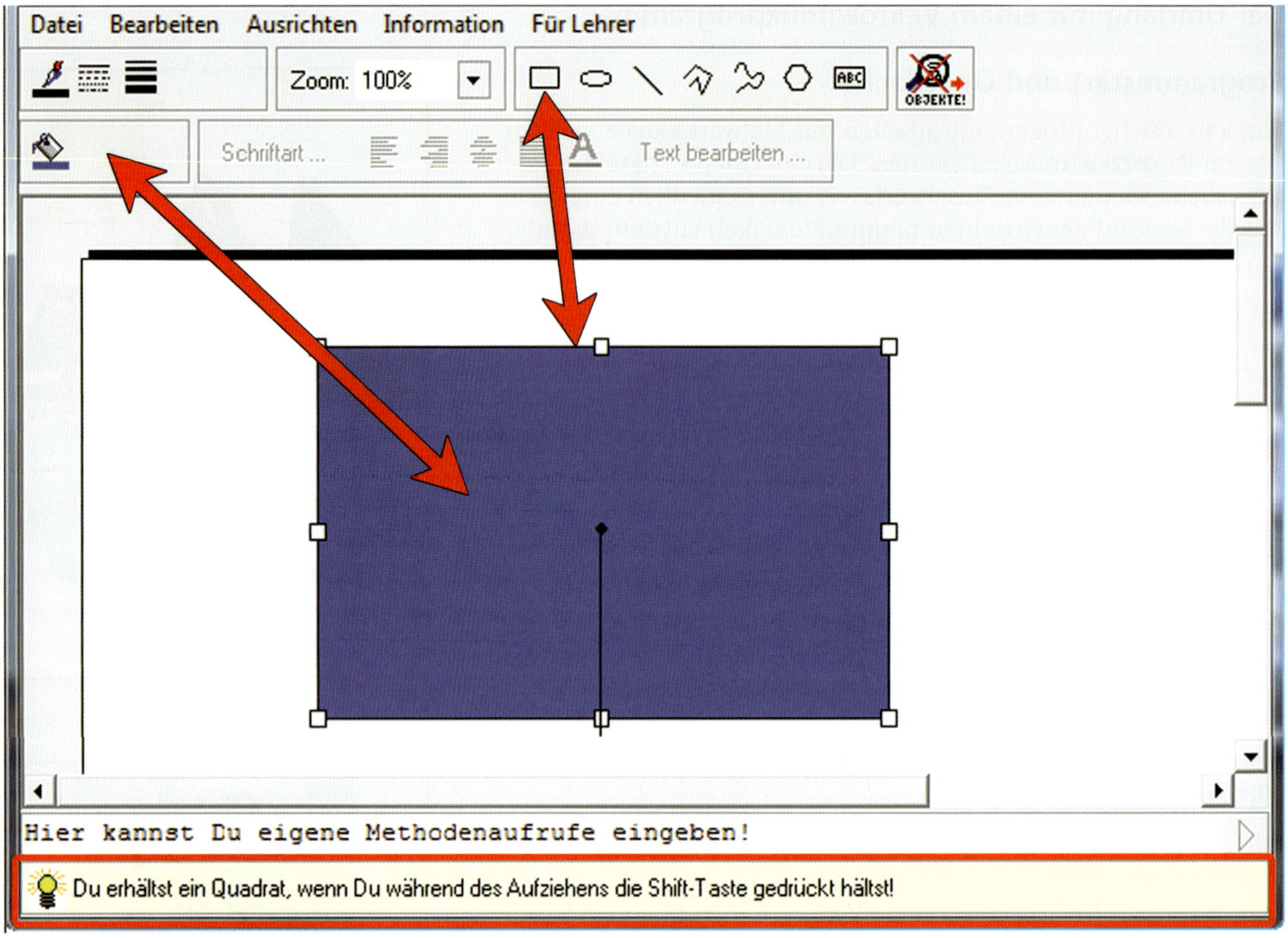

UE 6 — Objekte in einem Vektorgrafikprogramm

Der Mittelpunkt M des Rechtecks ist der Diagonalenschnittpunkt.

Das Programm erzeugt zu den ausgewählten Objekten automatisch Objektkarten.

Für Farben gibt es nur bestimmte Farbwerte (rot, schwarz, hellblau).

Für Linien gibt es fünf unterschiedliche Darstellungsarten (durchgezogen, gepunktelt, usw.).

Um diesen Mittelpunkt kann das Objekt gedreht werden. Der Drehwinkel (Attribut „Winkel") wird gegen den Uhrzeigersinn gemessen.

```
re0:RECHTECK
Linienfarbe = schwarz
Linienart = durchgezogen
Linienstärke = 0.10 mm
Füllfarbe = hellblau
Winkel = 0.00°
Länge = 7.81 cm
Breite = 4.89 cm
DiagonalenschnittpunktX = 7.10 cm
DiagonalenschnittpunktY = 25.04 cm
```

Das Programm **Object-Draw** stellt Dezimalzahlen in der amerikanischen Schreibweise dar. Diese Schreibweise wird in vielen Programmen vorausgesetzt.

Auch der Taschenrechner und die Rechner in den Handys arbeiten mit dieser Schreibweise.

Das in Deutschland übliche Komma wird dabei durch einen Punkt ersetzt.

Schreibweisen
für Kommazahlen:

Deutschland: 3,45

USA/Computer: 3.45

UE 6 — Objekte in einem Vektorgrafikprogramm

Ein Objekt wird ausgewählt, wenn man den Mauszeiger daraufstellt und einen Klick mit der linken Maustaste ausführt.

Mit der gedrückten Hochstelltaste können mehrere Objekte gleichzeitig markiert werden.

Man kann mehrere Objekte markieren, wenn man bei gedrückter linker Maustaste ein Rechteck von links oben nach rechts unten über die zu markierenden Objekte zieht.

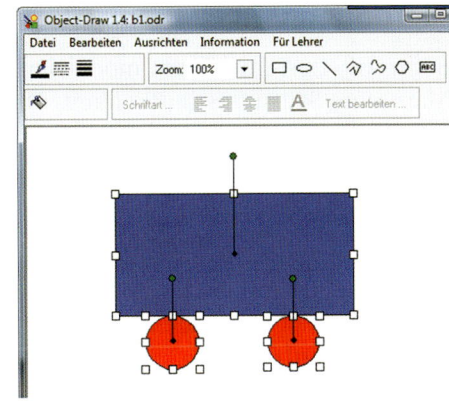

Markierte Objekte erkennt man an kleinen weißen Quadraten, die um das Objekt herum angeordnet sind.

Ruft man mit der rechten Maustaste das Kontextmenü auf, kann man die ausgewählten Objekte gruppieren.

Die gruppierten Objekte werden als Einheit aufgefasst und können problemlos verschoben und kopiert werden.

Durch das Gruppieren wird im Computer ein Bauplan für Objekte angelegt. Es entsteht eine neue Klasse mit dem Namen GRUPPE. Für diese Klasse erzeugt das Programm eine Klassenkarte mit allen Attributen und Methoden, die für diese Kombination sinnvoll sind.

Die Objekte, die der Klasse GRUPPE zugeordnet werden können, bekommen die entsprechenden Objektkarten.

Zusammenfassung

- Am Computer unterscheidet man zwischen Vektorgrafiken und Pixelgrafiken.
- Geometrische Objekte werden mit einem Vektorgrafikprogramm erstellt.
- Object-Draw erstellt für geometrische Objekte automatisch Objektkarten.
- Mehrere Objekte können zu einer Gruppe zusammengefasst werden.

Arbeitsaufgaben

1. Zeichne mit Object-Draw eine Figur in Menschengestalt. Verwende dazu Rechtecke, Ellipsen (Kreise), Freihandlinien und Texte (Abb. Seite 14).
2. Markiere alle gezeichneten Objekte und gruppiere sie.
3. Füge zwei weitere Objekte, die der Klasse GRUPPE zugeordnet werden können, in deine Zeichnung ein.

Methoden und Ebenen

Beim Arbeiten mit einem modernen Computer ist der Einsatz einer Maus eine Selbstverständlichkeit. Ohne Maus sind viele Programme fast nicht mehr zu bedienen.

Beim Arbeiten mit der Maus laufen im Computer aber sehr komplizierte Prozesse ab, die über viele geheimnisvolle Umwege die **Attributwerte** von **Objekten** verändern.

Um diese Prozesse besser verstehen zu können, besitzt das Programm Object-Draw die Möglichkeit, Methoden in einem Eingabefeld direkt aufzurufen.

Was versteht man unter einer Methode?

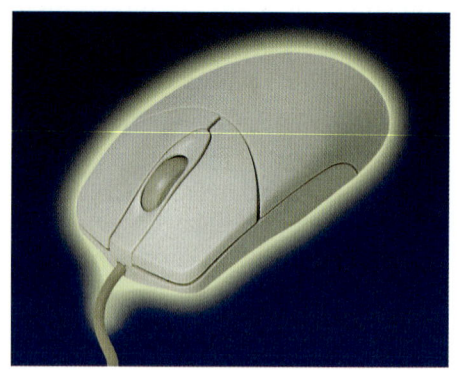

Eine Methode ist eine Tätigkeit, die an einem Objekt durchgeführt werden kann. Der Computer muss die Objekte einer Klasse verändern können. Welche Operationen dafür ausgeführt werden dürfen, wird für jede Klasse extra festgelegt und in die Klassenkarte eingetragen.

In den bisher verwendeten Karten stand an dieser Stelle immer das Wort „Tätigkeiten". Dieses Wort wird jetzt durch konkrete Maßnahmen ersetzt.

Die meisten **Methoden** verändern die **Attributwerte von Objekten.** Wie stark die jeweiligen Veränderungen sind, wird über Zusatzangaben gesteuert.

Da an die Methoden oft Werte übergeben werden, setzt man hinter den Begriff ein Paar runde Klammern, in die die entsprechenden Zusatzangaben eingetragen werden können.

> **Punktnotation für Methoden:**
> **Objektname.Methodenname(Wert)**

Die Klammern werden immer gesetzt, auch wenn keine Werte übergeben werden. Sie sind das Kennzeichen der Methode. Werte, die eine Methode beeinflussen, heißen Parameter:

> **re0.füllfarbesetzen(rot)**

Die Schreibweise für Methodenaufrufe ist der Schreibweise für die Festlegung von Attributwerten sehr ähnlich. Anstelle von Gleichheitszeichen und Wert steht direkt hinter dem Namen der Methode die Klammer:

> **gr0.verschieben(2 cm, 3 cm)**

Hinweis: Das Komma trennt hier zwei Parameter.

Der Aufruf der Methode erfolgt in der vorletzten Zeile des Hauptfensters (Zeichenfläche) von Object-Draw.

Methoden sind immer programmabhängig. Auch die Schreibweise für den Methodennamen ist nicht einheitlich geregelt. Normalerweise schreibt man den Namen klein. Zum besseren Verständnis von zusammengesetzten Wörtern können aber auch einzelne Großbuchstaben verwendet werden. Ähnliche Variationen gibt es auch bei den Parametern. Object-Draw setzt beispielsweise ein Leerzeichen vor und nach der Wertangabe bzw. zwischen die leeren Klammern. Diese Leerzeichen sind sonst nicht üblich.

K_NAME

Attribut1
Attribut2
...

Methode1(p)
Methode2(p1, p2)
Methode3()
...

RECHTECK

Länge
Breite
MittelpunktX
MittelpunktY
...

zeichnen()
füllfarbesetzen(Farbwert)
verschieben(x cm, y cm)
...

UE 7 Objekte in einem Vektorgrafikprogramm

Die Auswahl der Objekte bzw. der Gruppen, der Methoden und der Parameter wird durch Hilfefenster erleichtert.

Ist der Methodenaufruf vollständig eingetippt, kann er durch die Eingabetaste (Enter, Return) oder durch einen Klick auf die grüne Pfeilspitze am Ende der Eingabezeile abgeschickt werden.

Das Programm Object-Draw erzeugt für alle verwendbaren Klassen automatisch die entsprechenden Karten. Diese können im Analysator-Fenster angezeigt werden.

Durch Auswahl der entsprechenden Klasse erhält man sofort einen Überblick über die möglichen Methoden.

Dies ist die vollständige Liste aller Methoden, die in der Klasse RECHTECK anwendbar sind:

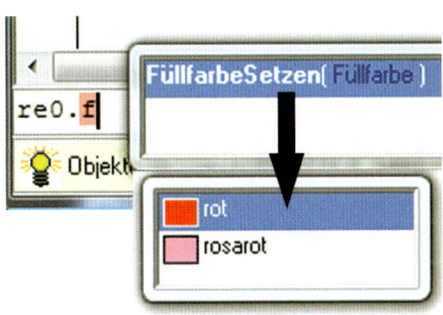
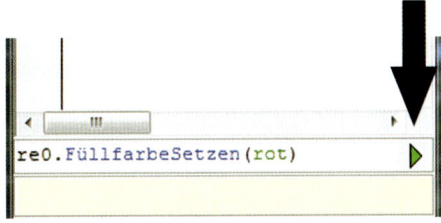
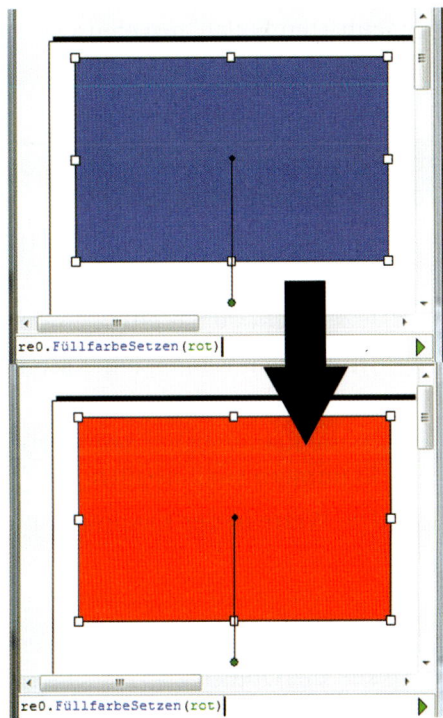

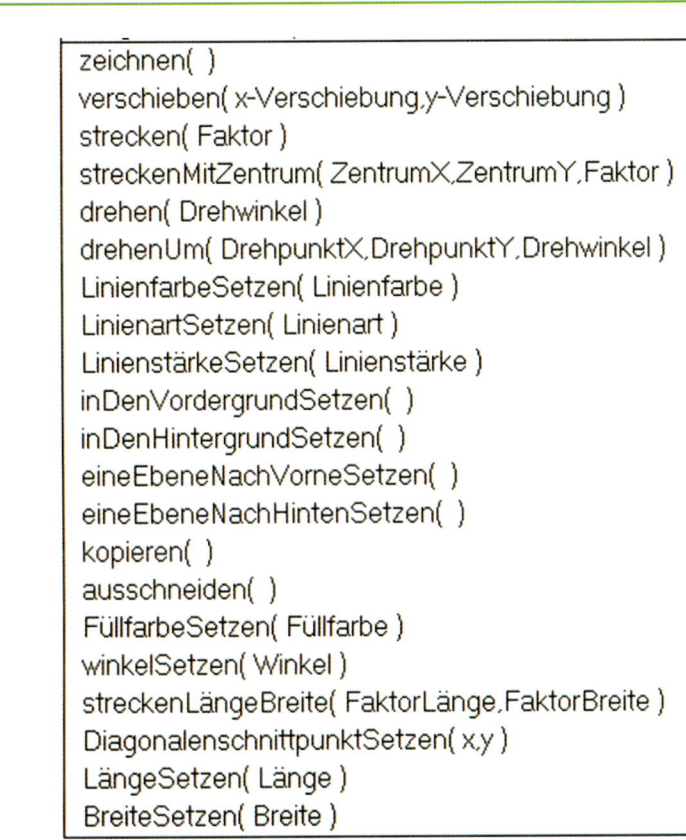

23

UE 7 — Objekte in einem Vektorgrafikprogramm

Vektorgrafikprogramme arbeiten mit Ebenen. Ebenen sind durchsichtige Folien, die übereinandergelegt werden.

Wird ein Objekt in eine Zeichnung eingefügt, wird automatisch eine neue Ebene erzeugt. Die neue Ebene wird auf die bereits vorhandenen Folien gelegt.

Nur das Objekt der obersten Folie ist immer vollständig sichtbar.

Objekte auf tiefer liegenden Folien werden ganz oder teilweise überdeckt.

Mit den markierten Methoden kann die Reihenfolge der Folien nachträglich geändert werden.

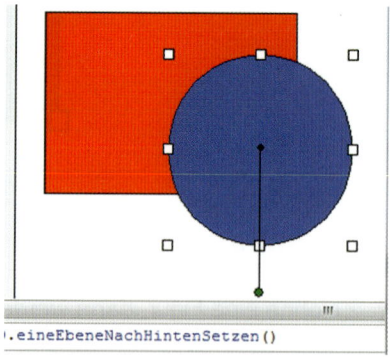

```
inDenVordergrundsetzen()
inDenHintergrundsetzen()
eineEbeneNachVorneSetzen()
eineEbeneNachHintenSetzen()
```

Man darf keine Leerzeichen im Namen einer Methode verwenden!

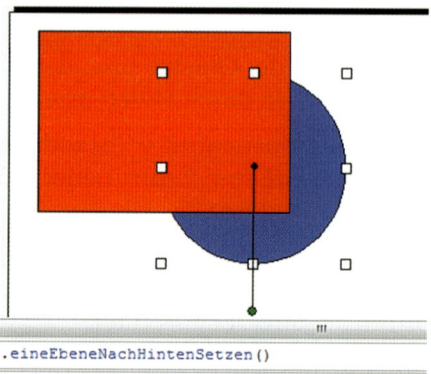

Durch die Methode „inDenVordergrundSetzen( )" wird die Folie mit dem entsprechenden Objekt ganz oben auf den Stapel der Folien gelegt. Alle Einzelheiten werden dadurch sichtbar.

Durch die Methode „inDenHintergrundSetzen( )" wir die Folie ganz unten in den Stapel gelegt.

Durch die Methode „eineEbeneNachVorneSetzen( )" bzw. „eineEbeneNachHintenSetzen( )" wird die Reihenfolge von zwei benachbarten Folien ausgetauscht.

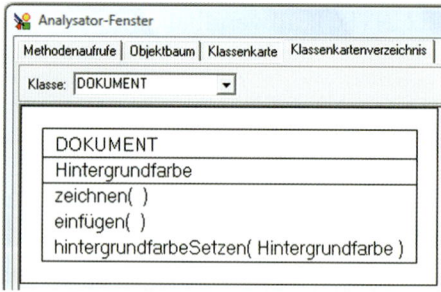

Zusammenfassung

- Mit Methoden können die Attributwerte von Objekten gesetzt werden.
- Jede Methode hat einen eindeutigen Namen.
- Hinter dem Namen einer Methode befindet sich ein Paar runder Klammern.
- In die Klammer können Werte eingegeben werden. Leere Klammern sind möglich.
- Die Werte in der Klammer werden als Parameter bezeichnet.
- Objekte werden in Ebenen (Folien) abgelegt.
- Die Reihenfolge der Ebenen entscheidet über die Sichtbarkeit der Objekte.

Arbeitsaufgaben

1. Zeichne ein Haus, das sich aus geometrischen Objekten zusammensetzen lässt, als Freihandskizze (Tür, Fenster, Dach, usw.).

2. Erzeuge nach diesem Modell das Haus mit Object-Draw.

   Ziehe die notwendigen Objekte mit der Maus auf und verändere ihre Attributwerte mit Methodenaufrufen.

UE 8 Objekte in einem Vektorgrafikprogramm

Bewegte Bilder

Ein **Daumenkino** ist ein kleines Buch, das durch schnelles Durchblättern der Seiten bewegte Bilder erzeugt.

Die Einzelbilder auf den einzelnen Seiten unterscheiden sich nur geringfügig. Beim schnellen Betrachten der fortlaufenden Bildfolge setzt unser Gehirn die einzelnen Veränderungen in eine Bewegung um.

So ein Daumenkino lässt sich mit Object-Draw sehr schnell erstellen.

Wenn ein Strichmännchen seine Arme bewegen soll, dreht man die Linie, die den Arm darstellt, um einen Endpunkt.

Das Strichmännchen soll einen Arm (rechts im Bild) nach unten bewegen. Die Linie li1, die den Arm darstellt, wird mit der Maus erzeugt. Die beiden Endpunkte werden aber mit Methodenaufrufen gesetzt.

    li1.punkt1Setzen(40,265)

    li1.punkt2Setzen(55,265)

Das Objekt li1 wird nun um den linken Endpunkt gedreht. Da der Arm nach unten gehen soll, muss ein negativer Drehwinkel gewählt werden.

    li1.drehenUm(40,265,-10)

Erzeugt man noch mehr Einzelbilder und druckt diese aus, ist das Daumenkino schon fast fertig. Man muss die Einzelbilder nur noch im gleichen Format ausschneiden und so übereinanderlegen, dass das erste Bild ganz oben ist.

Beim Durchblättern mit dem Daumen bewegt sich dann der rechte Arm.

Auch mit Object-Draw kann man diese Bewegung erzeugen. Man muss den Methodenaufruf für die Drehung sehr schnell mit Return auslösen.

UE 8   Objekte in einem Vektorgrafikprogramm

Das Programm Object-Draw schreibt jeden Methodenaufruf mit. Die Liste aller Methodenaufrufe kann im Analysator-Fenster angezeigt werden.

Man spricht von einem Programm, wenn eine Folge von Methodenaufrufen automatisch ausgeführt werden kann.

In Object-Draw muss man jeden Methodenaufruf einzeln auslösen. Eine **Automatisierung** der Aufrufe ist mit Object-Draw leider nicht möglich.

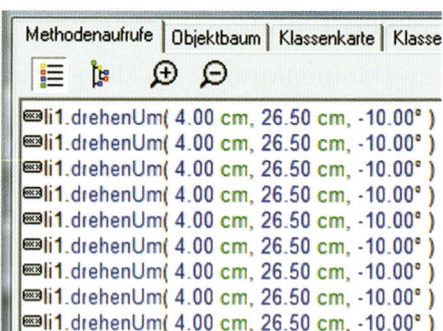

Zusammenfassung

- Ein Daumenkino besteht aus einem Stapel gleichartiger Bilder.
- Die einzelnen Bilder des Daumenkinos unterscheiden sich nur geringfügig.
- Eine Bewegung entsteht, wenn Bilder mit kleinen Veränderungen sehr schnell hintereinander betrachtet werden.
- Wiederholt man gleichartige Methodenaufrufe, erhält man ein Daumenkino.
- Die Methoden müssen aber einzeln ausgelöst werden.

Arbeitsaufgaben

1. Zeichne mit Object-Draw ein Strichmännchen.
2. Erzeuge mit diesem Strichmännchen dein eigenes Daumenkino.

Object-Draw ist in erster Linie ein Zeichenprogramm. Es ist zwar vom Leistungsumfang nicht mit einem Profiprogramm vergleichbar, bietet aber dennoch eine Fülle von Gestaltungsmöglichkeiten. Mit etwas Kreativität kann man sehr anspruchsvolle Bilder erstellen. Dabei lernt man viel über Objekte, Attribute, Attributwerte und Methoden. Darüber hinaus stellt Herr Pabst mit dem Programm viele Beispiele bereit. Sie können als Anregung für kleine Projekte dienen.

Mit Object-Draw kann man aber nicht programmieren. Für die im Lehrplan vorgesehene einfache Programmierung benötigen wir andere Werkzeuge. Die bisher erworbenen Begriffe und Schreibweisen können und müssen auch weiterhin verwendet werden.

Haus mit Himmel
Beispielbild von Herrn Pabst

UE 9 Objekte in einer Programmierumgebung

Objekte in einer Programmierumgebung

Einfache Programmierung

Computerprogramme

Unter einem Computerprogramm versteht man eine Reihe von Anweisungen an den Computer. Programme sind nichts anderes als Texte, die in einer besonderen Sprache verfasst werden.

Computerprogramme haben große Ähnlichkeit mit Koch- oder Backrezepten. Zuerst werden die notwendigen Zutaten beschrieben und dann die Tätigkeiten der Reihe nach aufgezählt.

Die Sätze eines Computerprogramms sind präzise Arbeitsanweisungen an den Computer. Diese Anweisungen werden auch als Befehle bezeichnet.

Jeder Satz beginnt in einer neuen Zeile. Der Aufbau der Sätze ist eindeutig festgelegt. Nur wenn die Sätze den Rechtschreibregeln entsprechen, können sie vom Computer ausgeführt werden.

Ein Programm kann man mit jedem Textverarbeitungsprogramm entwerfen. Will man es aber ausführen, benötigt man die entsprechende Umgebung mit Steuereinrichtungen und Ausgabefenster. Bevor das Programm läuft, muss es für den Computer noch übersetzt werden. Auch diese Aufgabe übernimmt die Programmierumgebung.

EOS steht für einfache objektorientierte Sprache. Diese Sprache gibt Anweisungen, wie Objekte erzeugt und ihre Eigenschaften verändert werden können.

Die Kunst des Programmierens besteht darin, die Anweisungen in der richtigen Reihenfolge zu setzen.

Dabei helfen uns Modelle. Ein sehr übersichtliches Modell ist rechts abgebildet.

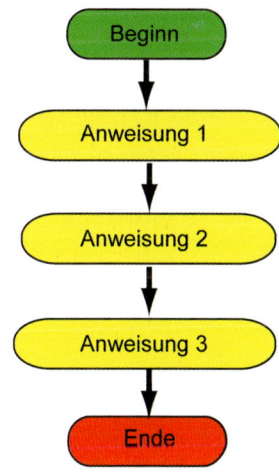

Die Programmierumgebung

Das Programm EOS ist die Programmierumgebung für die Computersprache EOS.

Startet man das Programm, erscheint ein leeres Fenster wie bei einem Schreibprogramm. Klickt man in dieses Fenster, erscheint der Cursor als Strich und man kann mit dem Schreiben beginnen.

> **Die Programmierumgebung ist mit einer Rechtschreibprüfung ausgestattet. Diese überwacht sehr genau, ob alle Sprachregeln eingehalten werden. Jeder Fehler wird markiert, und in der untersten Zeile werden Informationen zum Fehler ausgegeben.**

Zuerst müssen die Objekte erzeugt werden. Wir wissen, dass Objekte mit gleichen Eigenschaften einer Klasse zugeordnet werden können. Informationen zu den Klassen findet man, wenn man das Hilfefenster einblendet („Hilfe zeigen …"). Die Anzeige im Hilfefenster kann über drei Reiter gesteuert werden.

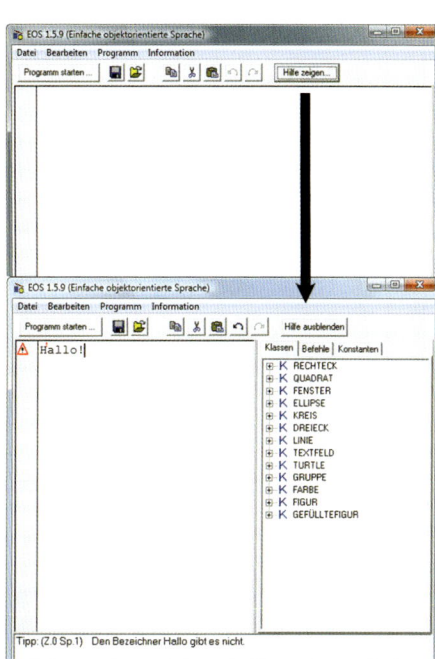

UE 10 Objekte in einer Programmierumgebung

Klassen und Objekte

Der Reiter „Klassen" im Hilfefenster zeigt die Klassen an, die in EOS zur Verfügung stehen. Viele dieser Klassen kennen wir bereits vom Programm Object-Draw. Aber es gibt auch einige neue Klassen, wie zum Beispiel QUADRAT, KREIS oder TURTLE (Schildkröte).

Wenn wir ein Rechteck erzeugen wollen, müssen wir zuerst einen Namen für dieses Objekt festlegen. Es dürfen alle sinnvollen Kombinationen aus Buchstaben und Ziffern verwendet werden (re0).

Setzt man hinter den Namen einen Doppelpunkt, erscheint das Auswahlfenster der Klassen. Ohne Klassenangabe werden neue Objekte nicht angenommen. Es erscheint eine Fehlermeldung. Erst wenn man die Klasse RECHTECK angeklickt oder das Wort „RECHTECK" geschrieben hat, verschwindet die Fehlermeldung.

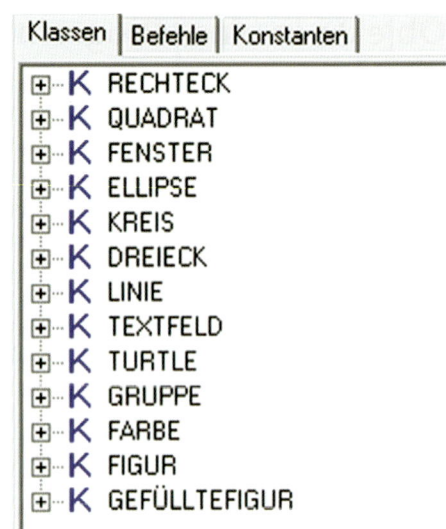

Die Zuordnung eines Objektes zu einer Klasse ist eine eindeutige Anweisung an den Computer. Nach Eingabe der ersten Zeile haben wir also bereits ein Computerprogramm.

Das Programm besteht zurzeit zwar nur aus einer einzigen Anweisung, aber die ist korrekt. Für den Computer bedeutet dieser Befehl: Erzeuge ein Objekt mit dem Namen re0, das der Klasse der Rechtecke zugeordnet werden kann.

Der Computer versteht diesen Befehl aber noch nicht. Das Miniprogramm muss erst noch für ihn übersetzt und gestartet werden. Ein Klick auf die Schaltfläche „Programm starten …" löst diesen Vorgang aus.

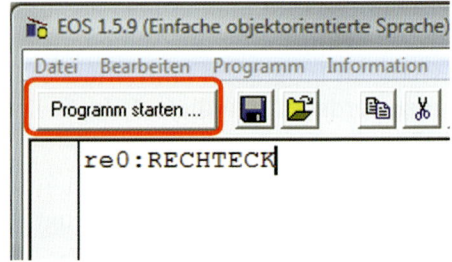

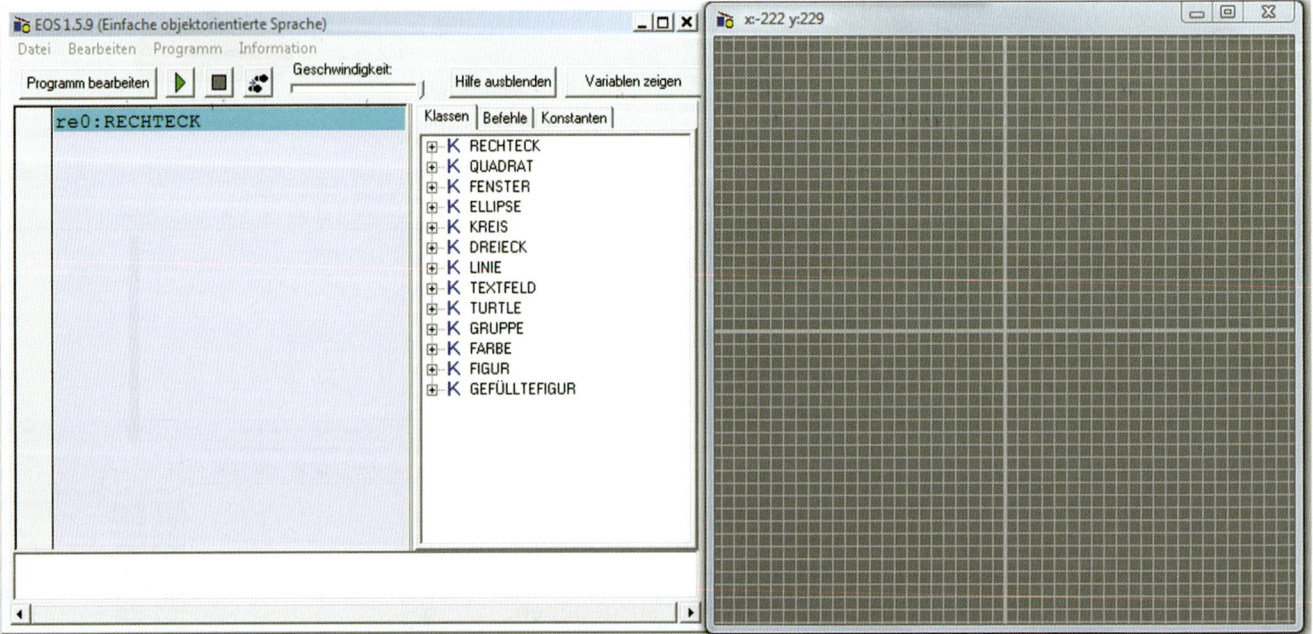

UE 10 Objekte in einer Programmierumgebung

Ausgabe und Bearbeitung

Neben dem Programmierfenster entsteht ein Ausgabefenster mit einem Gitternetz mit zwei etwas dicker gezeichneten Achsen. Die waagrechte Achse ist die x-Achse, die senkrechte Achse die y-Achse. Der Schnittpunkt der Achsen ist das Zentrum des Fensters (Bezugspunkt).

Punkte, die links von der y-Achse liegen, haben einen negativen x-Wert. Punkte, die unterhalb der x-Achse liegen, haben einen negativen y-Wert. Die Werte, mit denen die Lage der Punkte festgelegt wird, heißen Koordinaten.

Die kleinen Kästchen stellen Quadrate mit 10 mal 10 Millimeter dar. (Die wahre Größe auf dem Bildschirm ist von der Auflösung des Monitors abhängig.) Zahlenangaben ohne Einheit werden stets als Millimeter aufgefasst.

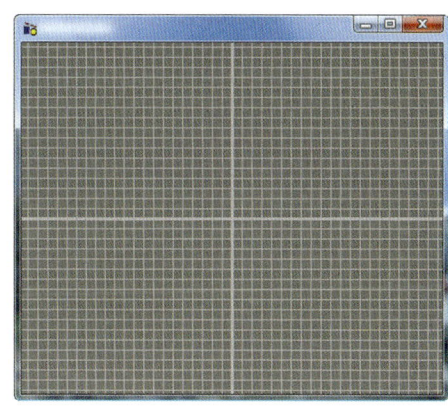

Aber dieses Fenster ist noch leer. Das ist auch logisch, denn wir haben dem Computer ja noch nicht mitgeteilt, wie das Rechteck aussehen soll.

Nach dem ersten Programmstart verschwindet die Schaltfläche „Programm starten …", und an dieser Stelle erscheint die Schaltfläche „Programm bearbeiten …". Rechts von dieser Schaltfläche erscheinen Knöpfe wie bei einem Videorekorder. Der grüne Pfeil startet von jetzt ab das Programm.

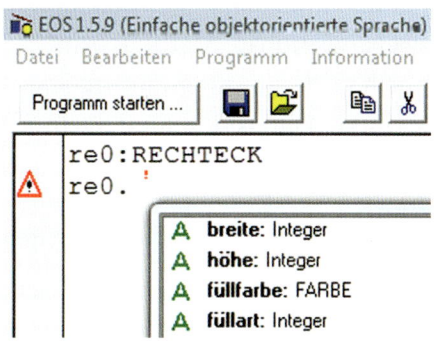

Wir wechseln in den Bearbeitungsmodus und ergänzen die notwendigen Informationen. Ein Rechteck wird durch die Seitenlängen festgelegt. Die Attributwerte können in EOS direkt festgelegt werden. Das Zuordnungszeichen für Attributwerte ist die Kombination Doppelpunkt und Gleichheitszeichen (:=).

Wir setzen für die Breite den Wert 200, für die Höhe den Wert 100. Es dürfen „ganze" Zahlen (Integer) verwendet werden. Kommazahlen sind verboten.

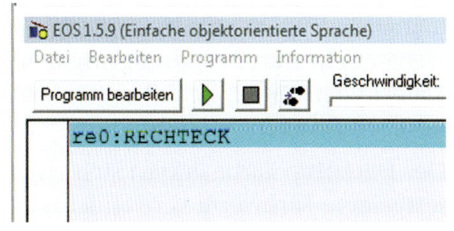

Zum Verlassen des Bearbeitungsfensters betätigen wir wieder die Schaltfläche „Programm starten …". Das Programm startet aber erst, wenn man auf den grünen Pfeil klickt.

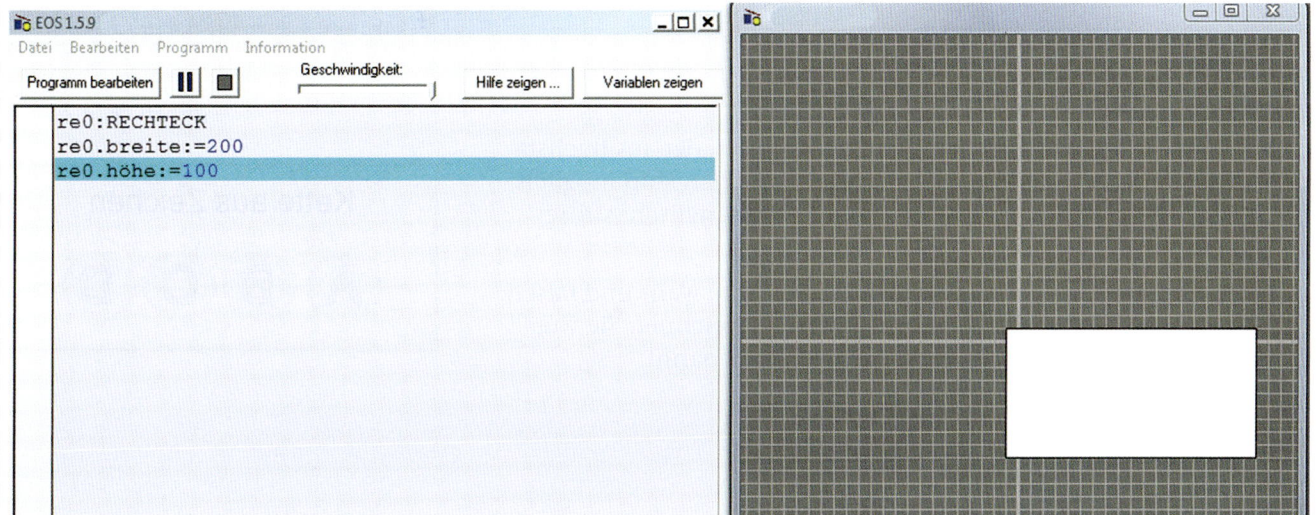

UE 11 Objekte in einer Programmierumgebung

Methoden und Parameter

Das beschriebene Rechteck erscheint im Ausgabefenster mit weißer Füllung. Die Lage im Koordinatensystem erscheint zufällig, ergibt sich aber aus den Grundeinstellungen für die Klasse RECHTECK.

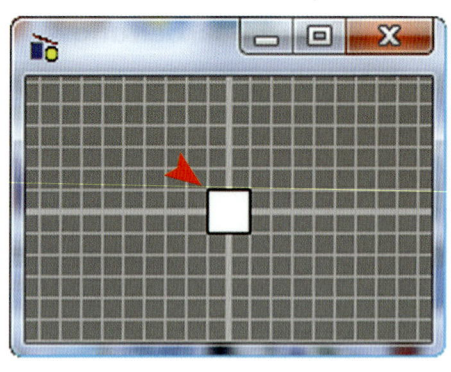

Wenn ein Rechteck erzeugt wurde, startet EOS mit einem kleinen Quadrat, das über dem Ursprung des Koordinatensystems gesetzt wird. Setzt man nur Breite und Höhe, bleibt die Lage der linken oberen Ecke erhalten.

Mit EOS kann man die Attributwerte von Objekten oft verschiedenartig beeinflussen.

Wenn man beispielsweise die linke obere Ecke eines Rechteckes setzen möchte, bietet das Programm das Attribut „links:Integer" oder zwei anwendbare Methoden an.

Attribute erkennt man im Hilfefenster am grünen Buchstaben „A", Methoden am rotbraunen Buchstaben „M".

Zum Setzen der linken oberen Ecke verwenden wir die Methode „linksObenSetzen(links:Integer,oben:Integer)".

Die Angaben in der Klammer sagen uns, dass zwei Parameter eingegeben werden müssen. Den Ausdruck „Integer" kennen wir bereits.

Für jeden Parameter und für jeden Attributwert gibt es stets eine Grundmenge an möglichen Belegungen. Diese Grundmenge enthält nur Werte eines Typs. Deshalb wird diese Angabe auch als Datentyp bezeichnet.

Neben dem Datentyp Integer (ganze Zahlen) verwenden wir die Datentypen Farbe, Real (Kommazahlen), String (Zeichenketten) und Boolean (Wahrheitswerte).

Der Datentyp Farbe erklärt sich von selbst. Es können allerdings nur festgelegte Farbwerte verwendet werden.

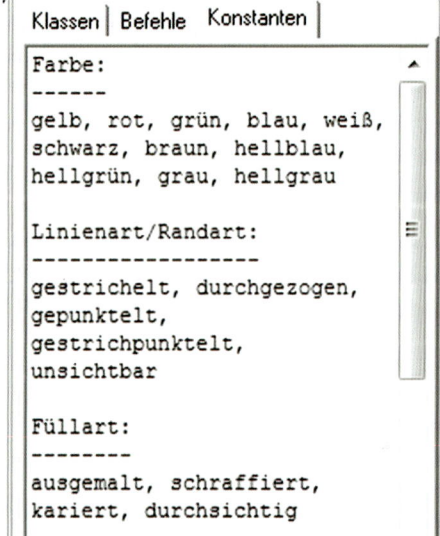

Werte, die vom Benutzer oder dem Computer nicht verändert werden können, bezeichnet man als Konstanten.

Bei eingeblendetem Hilfefenster kann man auf den Reiter „Konstanten" klicken. Alle verfügbaren Konstanten werden eingeblendet.

Unter einer Zeichenkette versteht man einen Text, der aus Buchstaben und Ziffern bestehen kann. Auch Sonderzeichen sind möglich. Die Zeichen werden wie Perlen auf einen Faden (englisch: string) aufgereiht.

Der Datentyp Boolean kennt nur die beiden Werte wahr und falsch. Diese Werte werden auch als Wahrheitswerte bezeichnet. Sie wurden nach dem englischen Mathematiker Boole benannt.

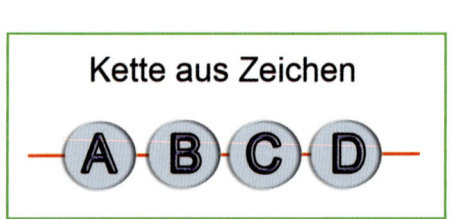

UE 11 — Objekte in einer Programmierumgebung

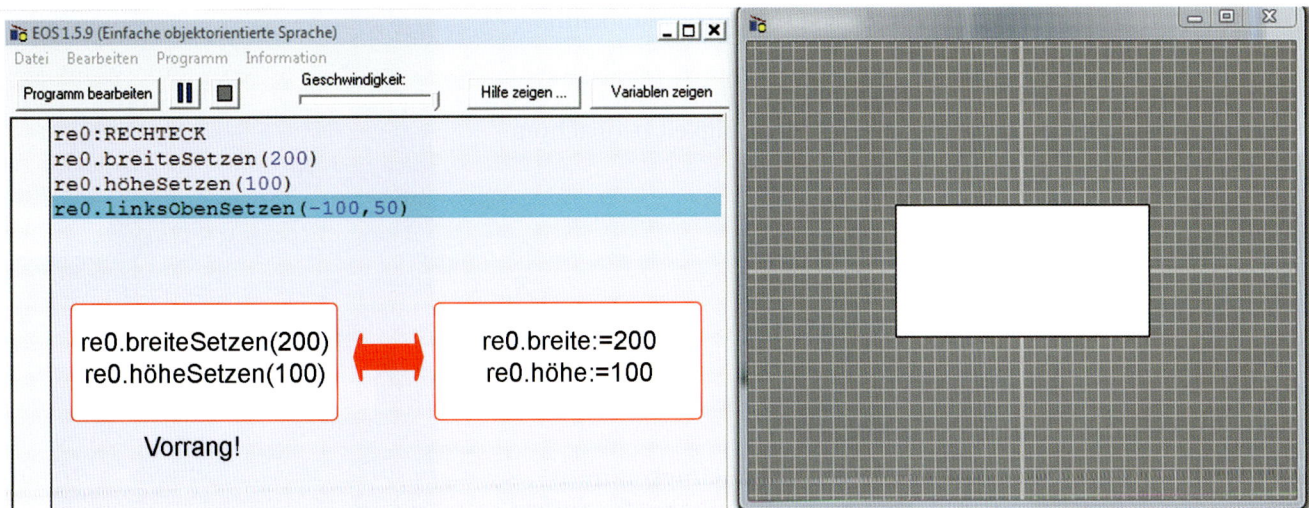

Füllfarbe und Linienstärke können ebenfalls über Methodenaufrufe geändert werden.

Auch eine nachträgliche Veränderung der Lage ist möglich.

Wurde das Programm geändert, kommt man durch einen Klick auf die Schaltfläche „Programm starten ..." zurück in den Ausführungsmodus.

Der dunkle Balken markiert die erste Programmzeile, und das leere Ausgabefenster erscheint. Klickt man auf den grünen Pfeil für den eigentlichen Programmstart, erscheint sofort das fertige Bild im Ausgabefenster.

Der dunkle Balken im Programmfenster befindet sich unter oder auf der letzten Zeile.

In Wirklichkeit entstehen vorher sechs andere Bilder, die unser Auge nicht registrieren kann. Der Wechsel der Bilder ist einfach zu schnell.

Dagegen gibt es Abhilfe: Der Schieberegler „Geschwindigkeit" kann nach links geschoben werden. Dadurch wird die Ausführung einer Programmzeile verzögert.

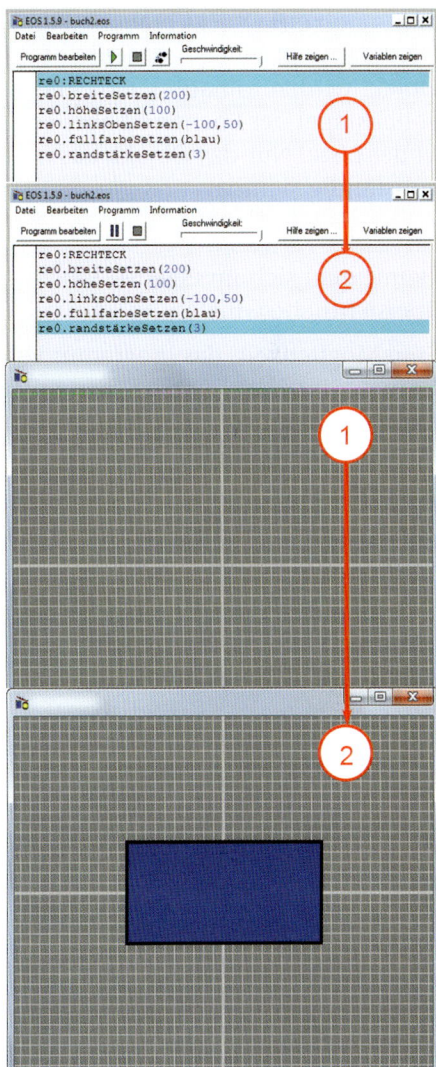

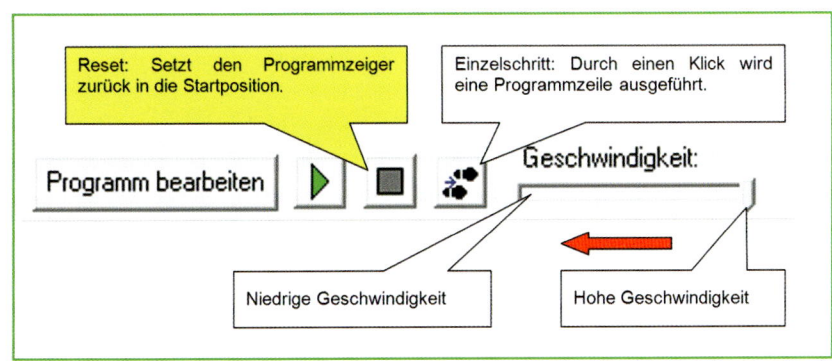

UE 11 Objekte in einer Programmierumgebung

Eine andere Möglichkeit ist die schrittweise Ausführung des Programms. Durch einen Klick auf die Schaltfläche mit den schwarzen Fußabdrücken wird jeweils nur eine Zeile ausgeführt. Man kann auch die Funktionstaste F8 drücken.

Die Abbildung rechts zeigt den schrittweisen Aufbau des Rechtecks, wie er bei sehr langsamer Ausführungsgeschwindigkeit beobachtet werden kann.

Programmaufbau und Kommentare

Computer muss man sehr genau anleiten. Jede Kleinigkeit muss exakt und fehlerfrei beschrieben werden. Auch der logische Aufbau ist wichtig.

Am Anfang des Programms werden alle Objekte aufgelistet, die einmal benutzt werden sollen. Wenn man bei der Arbeit merkt, dass man noch ein Objekt braucht, kann es auch nachträglich eingefügt werden. Auch hier ist die Reihenfolge besonders wichtig. Mit jedem Objekt wird automatisch eine Ebene festgelegt. Die Reihenfolge im Folienstapel der Ebenen ist aber genau umkehrt wie die Reihenfolge in der Liste. Nur das Objekt, das in der Liste ganz unten steht, ist vollständig sichtbar.

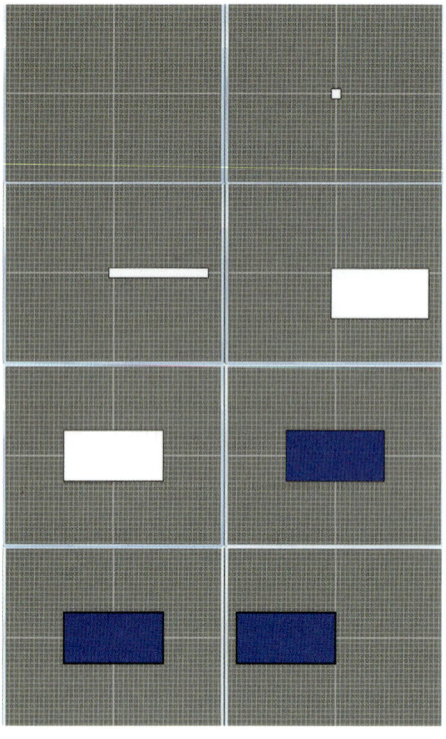

Einzelbilder bei niedriger Geschwindigkeit

Damit man sich im eigenen Programm gut zurechtfindet, ist eine übersichtliche Gliederung sinnvoll.

Eine Möglichkeit, das Programm verständlicher zu gestalten, sind Kommentarzeilen. Diese Zeilen enthalten nur Informationen für den Programmierer. Bei der Ausführung des Programms werden sie übersprungen.

Bei EOS werden Kommentarzeilen mit zwei Schrägstrichen (Computersprache: „Slash") gekennzeichnet. Die so markierte Stelle wird automatisch grün eingefärbt.

Farbveränderungen sind ein wichtiges Instrument zur Fehlerüberprüfung. Bleibt der Farbwechsel aus, hat man wahrscheinlich einen Tippfehler im Programm.

```
//Kommentarzeile1
Anweisung1
Anweisung2

//Kommentarzeile2
Anweisung3
Anweisung4

//Kommentarzeile3
Anweisung5
Anweisung6
```

UE 12 Objekte in einer Programmierumgebung

Programmstrukturen

Die Anweisungen in einem Computerprogramm werden normalerweise von oben nach unten abgearbeitet.

Manchmal ist es aber sinnvoll, diesen linearen Weg zu verlassen.

Eine Abweichung ist immer dann angebracht, wenn eine oder mehrere Anweisungen sehr oft ausgeführt werden sollen oder wenn der Computer Entscheidungen treffen muss. Für diese Fälle benötigen wir andere Programmstrukturen.

Neben der linearen Struktur, die als Sequenz bezeichnet wird, gibt es daher noch die Wiederholung und die Auswahl.

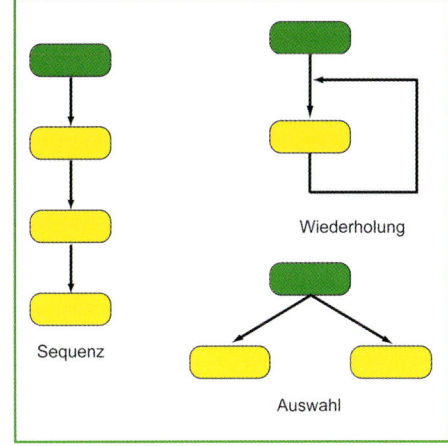

Zusammenfassung und Aufgaben

Zusammenfassung

- Unter einem Computerprogramm versteht man eine Reihe von Anweisungen an den Computer.
- Die Anweisungen sind Texte in einer besonderen Sprache.
- Bei der objektorientierten Programmierung werden Objekte mit Anweisungen erzeugt und deren Attributwerte verändert.
- EOS ist ein einfaches Werkzeug für die objektorientierte Programmierung.
- In EOS können nur Objekte aus festgelegten Klassen verwendet werden.
- Es ist sinnvoll, Veränderungen an den Attributwerten über Methodenaufrufe vorzunehmen.
- Computerprogramme müssen vom Benutzer gestartet werden.
- Computerprogramme können durch Kommentarzeilen gegliedert werden.
- Am Anfang des Programmes werden die Objekte aufgelistet und den entsprechenden Klassen zugeordnet.

Wichtige Datentypen für Parameter:

Integer	Zahlen ohne Komma (auch mit Minus)
Real	Kommazahlen
Boolean	Wahrheitswert (wahr oder falsch)
String	Zeichenkette (Buchstaben oder Ziffern)
Farbe	Bezeichnungen für bestimmte Farbwerte

33

UE 12 Objekte in einer Programmierumgebung

Arbeitsaufgaben

1. Gegeben sind drei Objektkarten und ein Programmablaufplan (siehe unten und rechts).

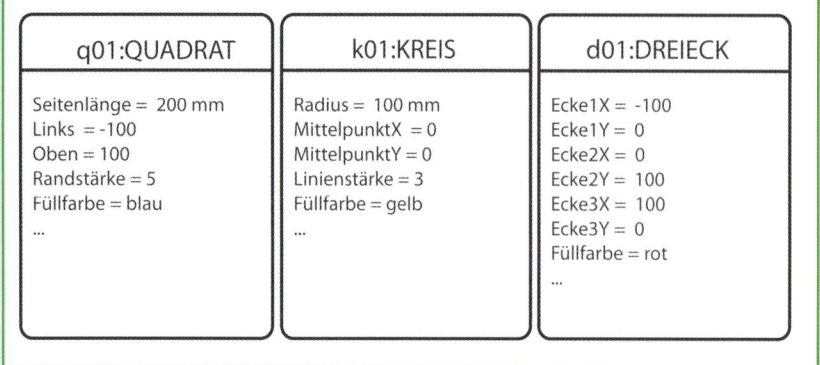

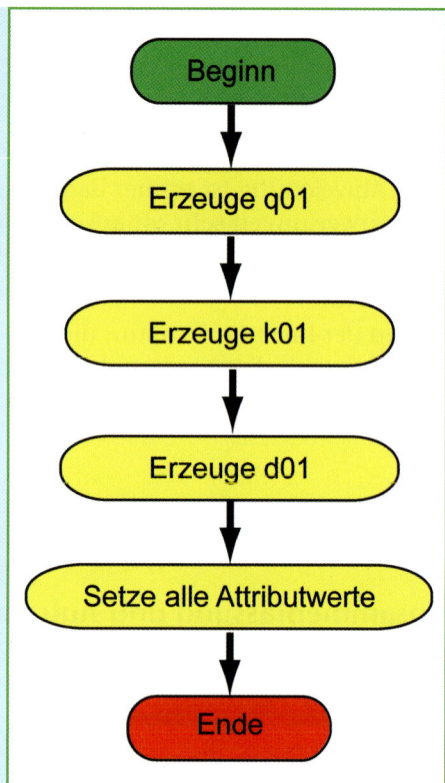

- Fertige mithilfe der Maße aus den Objektkarten eine Freihandskizze im verkleinerten Maßstab an und färbe die Objekte nach der im PAP festgelegten Reihenfolge ein.
- Erstelle mit EOS ein Computerprogramm, das die gegebenen Informationen umsetzt. Füge sinnvolle Kommentarzeilen ein.
- Speichere das fertige Programm als **aufgabe33_1.eos** in dein Arbeitsverzeichnis.

2. Ein Fahrzeug („**auto**"), das auf einer ebenen Unterlage („**weg**") steht, soll vom Computer erzeugt und bewegt werden. Das Fahrzeug besteht aus dem blauen Rechteck **re0** (200 mm breit und 100 mm hoch). Der schwarze Rand um das Rechteck hat die Stärke 3. Die Räder sind rote Kreise mit jeweils 20 Millimeter Radius. Die Lage der Objekte im Koordinatensystem und die Informationen für das Objekt **weg** können der Zeichnung entnommen werden.

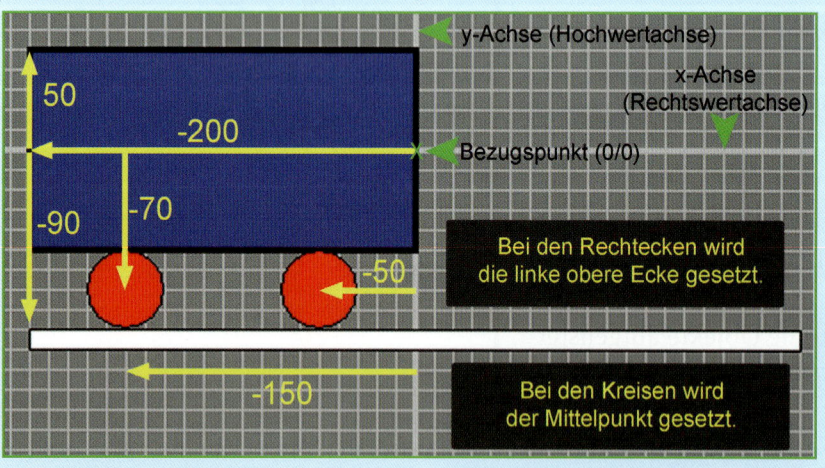

- Fertige für die beiden Rechtecke und die beiden Kreise Objektkarten an.
- Schreibe mit EOS ein Computerprogramm, das die Objekte erzeugt und die richtigen Attributwerte zuordnet.
- Gruppiere das blaue Rechteck und die beiden Kreise zum Objekt „**auto**". (Ergänze die notwendige Anweisung im Computerprogramm.)
- Verschiebe das Objekt „**auto**" über der Unterlage. (Füge erst eine, dann mehrere Verschiebungsanweisungen ein und teste die Wirkung.)
- Speichere das fertige Programm als **aufgabe34_2.eos** in dein Arbeitsverzeichnis.

Wiederholung und Auswahl

Die Wiederholung

Vorgänge, die sich ständig wiederholen, gibt es in unserer Welt in Hülle und Fülle.

Die Erde dreht sich um eine Achse, die durch die Pole verläuft. Die Räder von Fahrzeugen und die Zeiger von Uhren wiederholen ständig einen Bewegungsablauf.

Eine Bahnhofsuhr hat drei Zeiger, die sich unterschiedlich schnell bewegen. Am schnellsten dreht sich der Sekundenzeiger, am langsamsten der Zeiger für die Stunden.

Solange die Uhr funktioniert, bewegen sich die Zeiger immer weiter.

> Um eine dauerhafte Drehbewegung in einem Computerprogramm darstellen zu können, benötigen wir als Struktur eine Wiederholung. Bei dieser Struktur werden eine oder mehrere Anweisungen immer wieder ausgeführt.

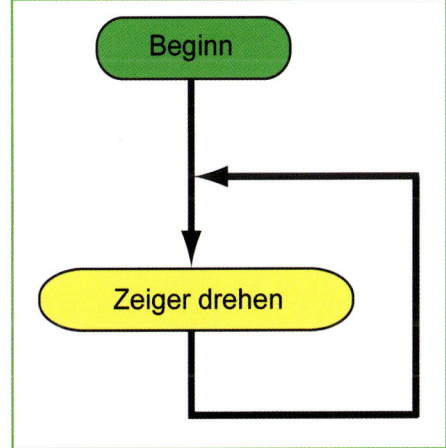

In unserem Fall wird die Anweisung „Zeiger drehen" bis zum Programmabbruch wiederholt. Die Schleife wird also ohne programmiertes Ende durchlaufen. Man bezeichnet so eine Struktur daher auch als Endlosschleife.

EOS verwendet für eine Wiederholung die Befehle **„wiederhole"** und **„*wiederhole"**. Damit der Computer Informationen über das Ende der Wiederholung erhält, bekommt die erste Zeile einen Zusatz. Für Endlosschleifen verwendet EOS den Zusatz **„immer"**.

Die Kombination **„wiederhole"** und **„*wiederhole"** wirkt dabei wie eine Klammer. Der Stern vor dem unteren „wiederhole" sagt dem Computer, dass hier das Ende der Wiederholungsschleife ist.

Wir programmieren eine einfache Uhr mit EOS. Diese Uhr hat nur einen Sekundenzeiger.

Das Ziffernblatt ist ein Kreis mit einem Radius von 110 Millimetern. Den Kreismittelpunkt setzen wir in den Ursprung des Koordinatensystems.

Der Sekundenzeiger (**sz**) ist eine rote Linie mit der Randstärke 5 Millimeter, die ebenfalls im Ursprung beginnt. Der Endpunkt der Linie liegt auf der y-Achse und ist 100 Millimeter vom Ursprung entfernt.

Die Befestigungsschraube ist ein kleiner, schwarz gefüllter Kreis (Radius 5 Millimeter).

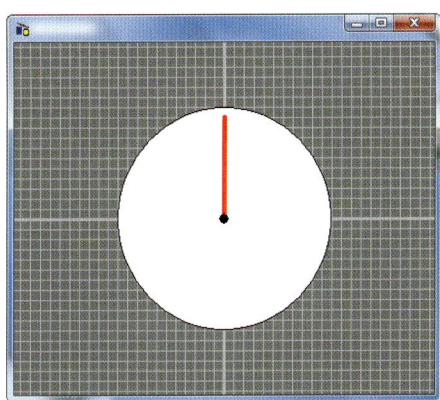

UE 13 Objekte in einer Programmierumgebung

```
//Objekte
k1:KREIS
sz:LINIE
k2:KREIS

//Setzen der Attributwerte
k1.mittelpunktSetzen(0,0)
k1.radiusSetzen(110)
sz.punkt1Setzen(0,0)
sz.punkt2Setzen(0,100)
sz.linienStŠrkeSetzen(5)
sz.farbeSetzen(rot)
k2.mittelpunktSetzen(0,0)
k2.radiusSetzen(5)
k2.fŸllfarbeSetzen(schwarz)

//Drehung
wiederhole immer
   sz.drehenUm(0,0,-6)
*wiederhole
```

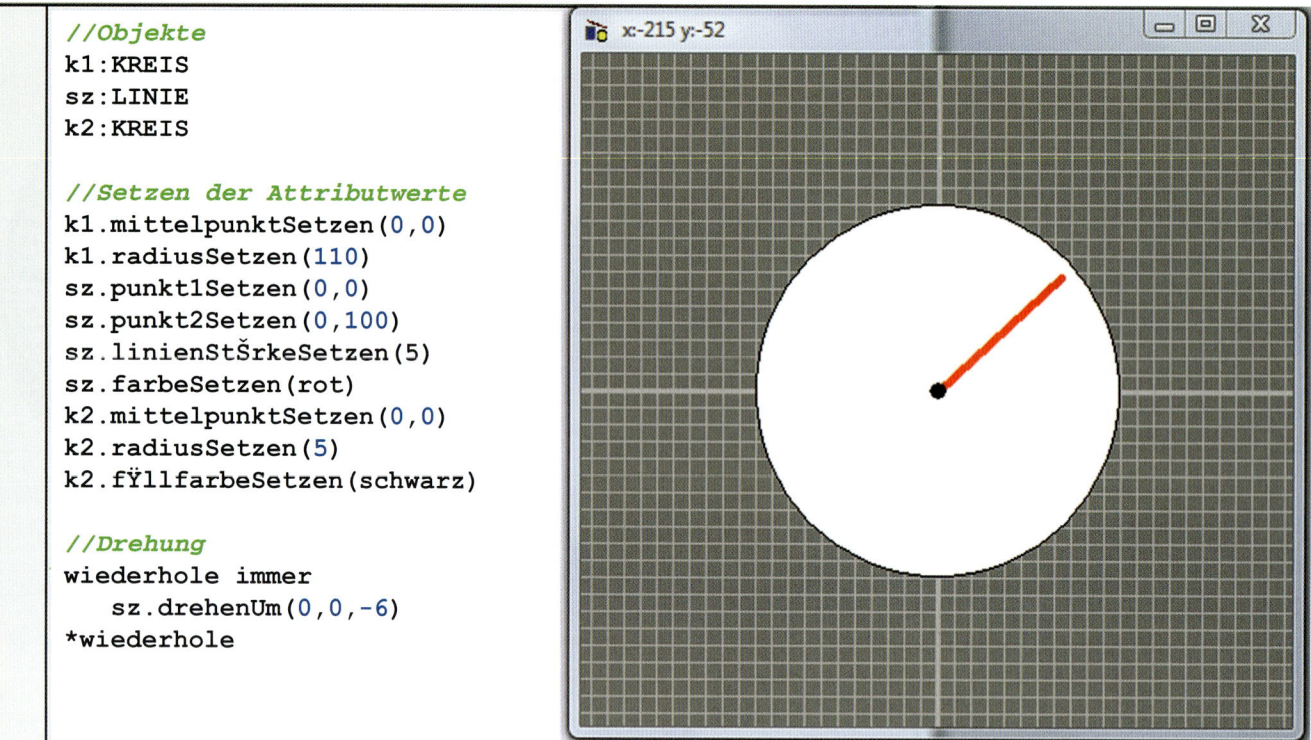

Die Bewegung des Zeigers erreichen wir durch eine Drehung der roten Linie um den Ursprung. Wenn der Zeiger im Sekundentakt weitergehen soll, müssen wir den vollen Winkel von 360° in sechzig gleiche Teile einteilen. Die Drehung für eine Sekunde hat dann einen Drehwinkel von -6° (Drehung im Uhrzeigersinn). Wenn man das Programm startet, bekommt man allerdings ein seltsames Bild. Es erscheinen mehrere Zeiger.

Die Erklärung ist sehr einfach. Das Programm dreht den Zeiger so schnell, dass Auge und Gehirn der Bewegung nicht mehr folgen können.

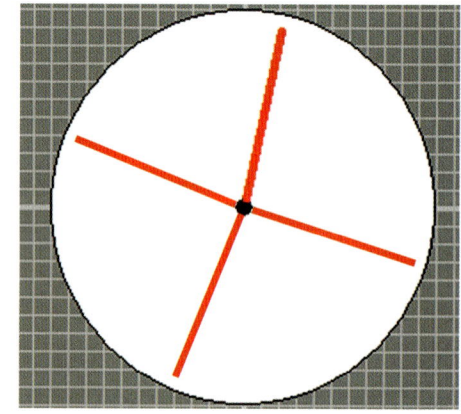

Es gibt zwei Möglichkeiten die Drehgeschwindigkeit des Zeigers zu verringern:

1. Man bremst die Ausführungsgeschwindigkeit von EOS mithilfe des Schiebereglers.
2. Man wählt eine kleinere Schrittweite (Winkel).

Ersetzt man den Zusatz „**immer**" durch „**100-mal**", wird die Wiederholungsschleife genau hundertmal durchlaufen.

UE 13 Objekte in einer Programmierumgebung

Zusammenfassung

- Sollen Programmzeilen mehrmals ausgeführt werden, verwendet man eine Wiederholung.
- Im Programmablaufplan bildet die Wiederholungsschleife ein Rechteck.
- Schreibweise einer Wiederholung in EOS:

    wiederhole [Zusatz]

    ...

    *wiederhole

- Man erhält eine Endlosschleife, wenn man den Zusatz „**immer**" verwendet.

Arbeitsaufgaben

1. Schreibe das Programm für die Bewegung des Sekundenzeigers mit EOS und speichere es als **aufgabe37_1.eos** in dein Arbeitsverzeichnis.
   Verändere die Drehgeschwindigkeit des Zeigers.

2. Das Auto aus der Aufgabe auf Seite 34 (**aufgabe34_2.eos**) soll sich ganz langsam von links nach rechts über die Unterlage bewegen und aus dem Ausgabefenster verschwinden. Die Bewegung soll durch eine sich ständig wiederholende Verschiebung des Objektes „**auto**" um jeweils 1 mm nach rechts erreicht werden. Ergänze das Programm und speichere es unter dem Namen **aufgabe37_2.eos** in dein Arbeitsverzeichnis.

3. Ein Quadrat mit der Seitenkante 200 mm soll so platziert werden, dass sein Mittelpunkt im Ursprung des Koordinatensystems liegt. Die Füllfarbe wird auf Rot gesetzt. Dann wird das Quadrat um 45° gedreht und anschließend die Füllfarbe auf Blau gesetzt. Nach einer weiteren Drehung um 45° wird die Füllfarbe wieder zu Rot. Die Farbveränderung und die Drehung sollen ständig wiederholt werden.

    Zeichne einen Programmablaufplan für die Wiederholung.

    Schreibe das Programm mit EOS und speichere es als **aufgabe37_3.eos** in dein Arbeitsverzeichnis.

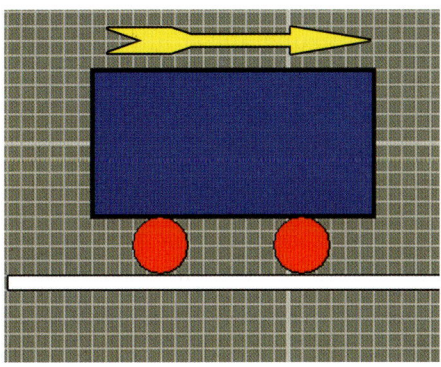

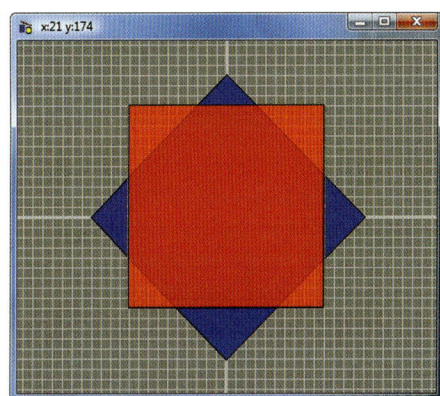

Die Auswahl

Menschen müssen ständig Entscheidungen treffen.

Manche Entscheidungen sind unbedeutend (Esse ich Müsli oder ein Marmeladenbrot zum Frühstück?), andere sind für den weiteren Lebensweg sehr wichtig (Welche Wahlpflichtfächergruppe nehme ich?).

Vor wichtigen Entscheidungen sollte man sich gut informieren oder beraten lassen. Bei harmlosen Fragen (Wer hat beim Fußballspiel den ersten Anstoß?) kann auch der Zufall entscheiden.

Jede Münze hat zwei unterschiedliche Seiten (Symbol oder Zahl). Man vereinbart, welche Seite gewinnen soll (Zahl) und wirft die Münze. Die Seite, die nach dem Wurf sichtbar ist, gibt den Ausschlag.

Beim Programmieren entscheidet der Computer.

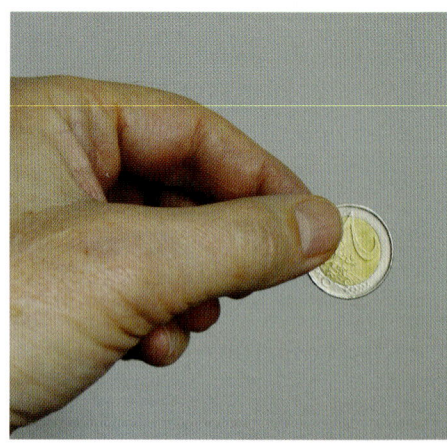

Der Münzwurf – ein Beispiel für die zweiseitige Auswahl.

Im Modell erkennt man die Stelle, an der die Entscheidung getroffen wird, an einer Raute. Die beiden Linien, die die Raute nach links und rechts verlassen, stellen die unterschiedlichen Abläufe nach der Entscheidung dar.

Die Bedingung, die erfüllt sein muss, steht in eckigen Klammern über einer Linie (links). Der andere Zweig wird durchlaufen, wenn die angegebene Bedingung nicht erfüllt wird.

Wenn das Programm zwischen zwei oder mehreren Möglichkeiten auswählen kann, bezeichnet man diese Struktur als Auswahl.

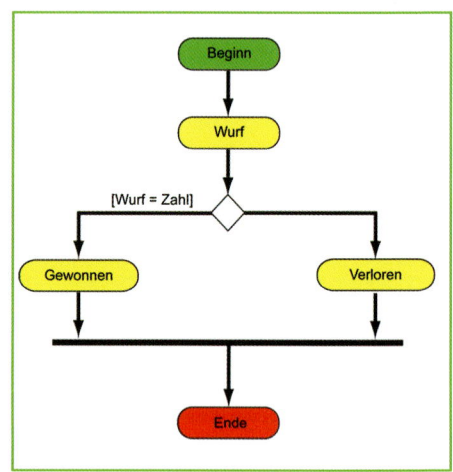

Erweitertes Modell einer zweiseitigen Auswahl (mit Raute)

Der Auswahlblock in einem Programm gliedert sich in drei Teile:

wenn – dann – sonst

Hinter dem Schlüsselwort „**wenn**" steht die Bedingung, die erfüllt werden muss, hinter „**dann**" und „**sonst**" stehen die entsprechenden Anweisungen.

Für eine Bedingung kennt der Computer nur zwei Möglichkeiten. Entweder ist sie **wahr** oder **falsch**. Hinter dem Ausdruck „wenn" muss also eine überprüfbare Bedingung (Gleichung, Ungleichung) stehen.

Nach der Bedingung steht das Schlüsselwort „**dann**". In der darauffolgenden Zeile stehen die Anweisungen, die ausgeführt werden müssen, wenn die Bedingung wahr ist. Nach diesen Anweisungszeilen folgt in einer neuen Zeile das Schlüsselwort „**sonst**". In der Zeile darunter stehen dann die Anweisungen, die ausgeführt werden müssen, wenn die Bedingung falsch ist. Das Ende des Auswahlblocks bildet das Schlüsselwort „***wenn**".

```
// Auswahl

wenn Wurf = Zahl dann
   Gewonnen
   sonst
   Verloren
*wenn
```